APPEL AU PEUPLE:

GOUVERNEMENT NATIONAL

ET

ÉGLISE NATIONALE

SUIVI

DE L'APPEL AUX ÉLECTEURS DE FRANCE

MARCUS ALLART

APPEL AU PEUPLE :

GOUVERNEMENT NATIONAL

ET

ÉGLISE NATIONALE

SUIVI

DE L'APPEL AUX ÉLECTEURS DE FRANCE

« *C'est un grand parti national,*
« SANS VAINQUEURS NI VAINCUS S'É-
« LEVANT AU-DESSUS DE TOUS POUR
« LES RÉCONCILIER. »

NAPOLÉON IV.

« *C'est une grande église natio-*
« *nale,* SANS VAINQUEURS NI VAINCUS,
« S'ÉLEVANT AU-DESSUS DE TOUTES
« POUR LES RÉCONCILIER. »

TROISIÈME ÉDITION

PARIS
LIBRAIRIE GÉNÉRALE
DÉPOT CENTRAL DES ÉDITEURS
72, BOULEVARD HAUSSMANN ET RUE DU HAVRE

1875
Tous droits réservés

Monsieur le Préfet de police,

Laissez-moi, je en vous prie, vous remercier, vivement
et sincèrement, de l'immense publicité, publicité bien au-
dessus de mes moyens, que vous avez bien voulu donner
aux deux premières éditions des deux pauvres petits
opuscules, ici présents et réunis, en leur faisant l'honneur insigne de les faire figurer dans votre relevé *de la
propagande bonapartiste!*

Et laissez-moi vous dire, je vous en prie bien encore,
que c'est cette *large et puissante publicité* qui m'a
décidé à en faire cette troisième édition!!! Et que c'est
précisément à votre intention que je les ai ainsi *réunis.*

Oui, laissez-moi me flatter, Monsieur le Préfet, que,
voyant mon insistance, vous voudrez bien jeter un regard
distrait... et *bienveillant* sur ces... misérables!! Et que
vous les trouverez, en fin de compte, bien plus dignes
de votre *compassion* que de votre *sévérité!!*

Je veux même croire qu'ils serviront à combattre en
vous, sinon à vaincre, ce dont je n'oserais vraiment cette
fois me flatter, l'idée que c'est à l'Empire SEUL, comme
vous le dites, que nous devons *la perte de toutes nos*

*libertés et de notre territoire! Et que c'est de là qu'est
née la juste haine dont vous vous honorez contre lui !*

Oui, j'espère que vous verrez cependant par ces lignes,
Monsieur le Préfet de police, qu'un BONAPARTISTE peut
s'inspirer parfois du plus pur esprit, sinon du talent et
de l'intelligence, de nos malheureux et vénérables pères
de 1789 !!

Sur le sable mouvant de nos révolutions, j'ai voulu
chercher, DE BONNE FOI, à jeter enfin les bases d'un édifice
aussi solide pour notre Constitution, que nous le voyons
être, sous nos yeux, pour la constitution de la vieille
Angleterre !... qui, cependant, a traversé victorieusement
autant, sinon plus, de révolutions que nous !

Je me disais : « *Au premier degré*, en ce temps désor-
« mais, et *de plus en plus*, de SUFFRAGE UNIVERSEL, *juste*
« *couronnement de* 1789 ! le pays tranchera d'abord la
« question de la forme du gouvernement par un plébis-
« cite ; et, au *second degré*, une Assemblée nationale,
« sœur de celle de 1789, et s'inspirant de la constitution
« laissée par elle, *s'occupera de l'adapter à nos temps !*
« Et je voulais dire ainsi : elle abordera enfin avec un
« haut respect la QUESTION RELIGIEUSE, et face à face
« avec le dernier concile qui a anathématisé toutes les
« conquêtes morales et civiles du monde moderne, à la
« voix de la papauté proclamée désormais INFAILLI-
« BLE !! (1) Face à face avec ces *contempteurs, ces*
« *insulteurs de constitutions ; avec ces dispensateurs*

(1) Et c'est ainsi que hier, un prince de l'Église refusait *justement*
d'assister à l'enterrement de son propre frère dans une église protestante !

« *orgueilleux, grotesques et vains, du salut et de la*
« *damnation éternels.* (1) Elle proclamera à son tour
« que la France est maîtresse absolue désormais chez
« elle, aussi bien de *sa constitution civile que de sa*
« *constitution religieuse!* qui ne peut plus dépendre
« d'un évêque, simple sujet du roi Victor-Emmanuel!
 « Et le pays ayant proclamé un *gouvernement natio-*
« *nal,* elle proclamera à son tour, complétant ainsi l'œuvre
« de nos vénérables pères de 1789…. UNE ÉGLISE NATIO-
« NALE AUSSI!! Appuyée sans doute sur l'Évangile,
« comme y sont appuyés d'ailleurs *les gouvernements*
« *nationaux* et *les églises nationales* d'Angleterre, de
« Russie, d'Allemagne, de Suède et de Norwége, de Hol-
« lande, de Danemark et aussi d'Amérique??? Et je me
« disais, *et j'aimais, et j'aime encore à me le dire* : il
« se trouvera sans nul doute, en France, de vénérables
« membres dans le clergé qui sauront mettre enfin *leur*
« *honneur et leur gloire à se conformer, dans leur*
« *vie morale,* à la constitution française de 1789, et
« non à la constitution de la Rome papale qui achève de
« s'écrouler en l'anathématisant! Et ayant alors accom-
« pli les réformes nécessaires…. urgentes, *indispen-*
« *sables à notre moralité et à notre force,* qui s'en
« vont *se dégradant tous les jours! et ainsi retrem-*
« *pés, purifiés, prêts et unis….* et ne comptant
« plus que sur nous… et sur les peuples que la France
« et l'Empire ont affranchis (*l'Italie notre sœur, quoi*

---

(1) Et c'est ainsi qu'hier encore, un autre prince de l'Église faisait
lire dans les églises catholiques de Westminster, une déclaration qui
disait que quiconque nie l'infaillibilité du Pape, cesse, *ipso facto,* d'être
catholique, et qu'il est SACRILÈGE chaque fois qu'il s'approche des
sacrements dissimulant son incrédulité !

« *qu'on fasse!*)... nous pourrons, comme nos pères,
« affronter fièrement *les nouvelles luttes que nous pré-*
« *pare certainement l'avenir*.... et comme eux aussi,
« nous en sortirons triomphants! »

Il y a bien loin de tout cela, je pense, vous le voyez, Monsieur le Préfet, à ce que disait si bien le journal *l'Union* en parlant de votre consciencieux rapport : « Il « y a là de mesquines agitations, soit de salon, soit de « cabaret, une activité singulière de correspondance, une « propagation abondante de photographies et d'emblè- « mes impériaux, mais rien de vraiment IMPÉRIAL, « RIEN D'INSPIRÉ (*pas encore!*), rien qui fasse penser à « une préméditation de 18 brumaire ou de 2 décembre, « *rien enfin qui dépasse la portée d'un rapport d'a-* « *gent secret!* »

Oui, IL FAUT QUE DÉSORMAIS LES BONAPARTISTES PRA- TIQUENT LA POLITIQUE DES IDÉES ET NON CELLE DES EXPÉ- DIENTS ! et se répètent AVEC NAPOLÉON : « *Ni Cœur* « *de Jésus,* (1) *ni Jésuites, ni confréries du Saint-* « *Sacrement; de bons évêques, de bons curés* (mariés « tous!), de *bons séminaires* (où on n'enseignera pas la « doctrine de l'infaillibilité et du Syllabus!! *mais l'a-* « *mour de Dieu et de la patrie française!*). »

Veuillez agréer, je vous prie, Monsieur le Préfet de police, l'assurance de ma haute considération.

MARCUS ALLART.

La Revanche (Rueil), 16 mars 1875.

---

(1) Et l'on va, DEMAIN ! consacrer *Paris et l'Église catholique,* à cet emblême DES CHOUANS ET DES CARLISTES !!

APPEL AU PEUPLE :

GOUVERNEMENT NATIONAL

ET

ÉGLISE NATIONALE

SUIVI DE

APPEL AUX ÉLECTEURS DE FRANCE

> « *C'est un grand parti national,*
> « SANS [VAINQUEURS NI VAINCUS,
> « S'ÉLEVANT AU-DESSUS DE TOUS
> « POUR LES RÉCONCILIER. »
> NAPOLÉON IV.

> « *C'est une grande église natio-*
> « *nale,* SANS VAINQUEURS NI VAIN-
> « CUS, S'ÉLEVANT AU-DESSUS DE
> « TOUTES POUR LES RÉCONCILIER. »

Au pacte de Bordeaux, à la trêve de Bordeaux, à ces jours où *le petit bourgeois* venait nous dire : « J'y engage mon honneur et « ma foi, aucun de vous ne sera trompé ! gardez précieuse- « ment chacun votre manière de voir, et à la fin de tout ceci : « *c'est le pays seul qui en décidera !* ».

Aux petites brochures qui criaient : VIVE LE ROI !.... *avec un bref du pape !*

Aux pèlerinages de Lourdes et autres lieux saints !.

Aux pèlerinages de M. Chesnelong et Cⁱᵉ !

Nous venons de voir succéder..... *le pays n'ayant pas encore été appelé à en décider,* en dépit des promesses du *tout petit bour-*

geois, une prolongation, à défaut de mieux, de cette fameuse trêve de Bordeaux... LA TRÊVE DU SEPTENNAT !

On nous avait dit cependant qu'on allait inaugurer un *gouvernement de combat !* Mais, bah ! nous voilà retombés platement dans la trêve, depuis que nous n'avons pas voulu tâter de ce fameux comte de Chambord, qui nous disait cependant ne pas craindre *d'employer la force au service de l'ordre et de la justice,* lisez.... DE L'INFAILLIBILITÉ ET DU SYLLABUS !

Et qui ajoutait avec un vague parfum d'Inquisition : « *Je suis* « *le pilote nécessaire, le seul capable de conduire le navire au port,* « *parce que j'ai* MISSION ET AUTORITÉ POUR CELA ! »

Autrement dit :

> « Par brevet d'invention
> « J'ordonne une mission,
> « En vendant des prières.
> « Vite soufflons, soufflons, morbleu !
> « Éteignons les lumières
> « Et rallumons le feu. »

Et depuis le jour enfin ou le noble comte, *plein d'une inébranlable résolution, répondit énergiquement au nom de la maison de France désormais fusionnée, ou mieux tombée en fusion !* à M. Chesnelong qui lui demandait respectueusement s'il daignerait accepter.... *le drapeau tricolore,* au cas ou l'Assemblée maintiendrait ce drapeau :.... « JAMAIS !!! ». (avouez, en passant, que celui de M. Rouher était bien mal payé !) nous voilà retombés platement dans la trêve, et. . . . .

> « On ne brûle encor personne,
> « Mais les fagots sont tous prêts ! »

Mais non ! ne soyons point ingrats, et en pensant un peu à ce que nous aurions pu *subir,* et surtout *à cause de cela,* et n'oubliant pas un instant, d'ailleurs, les souffrances de cette pauvre France terrassée, humiliée, bafouée et meurtrie ! *bénissons le grand Dieu qui nous a fait ces loisirs !*

Septennat, nous voulons donc, nous venons vous saluer !

Nous sentons que, par plus d'un côté, vous êtes encore l'Empire. Et nous voyons que cette prétendue République, *ombre évanouie aussitôt qu'évoquée par d'impuissants niais !* terrain ouvert à toutes les ambitions, comme à toutes les intrigues, *et aussi à tous les crimes !* n'a rien trouvé de mieux pour diriger ses destinées d'un matin, *bien lugubre matin !* que de les confier à un de ces six chefs entre lesquels l'empereur mort partageait naguère, sinon le gouvernement, du moins *la surveillance de l'ordre en France !*

Oui, nous voyons la garde du drapeau lacéré de la France ! de ce glorieux drapeau tricolore, noir de poudre ! et qu'un long crêpe devrait envelopper ; le dépôt de son honneur, *malheureusement aussi menacé au dehors qu'au dedans,* confié pour sept ans au maréchal de France *duc de Magenta !* à *celui qui,* arrivé le premier à Malakoff à travers la mitraille russe, disait : « J'y suis et j'y resterai ! » *à celui* qui sauvait l'armée française et l'empereur au pont de Magenta ! *à celui enfin qui,* moins heureux, hélas ! sinon moins héroïque, vaincu à Reichschoffen, tombait à Sedan, en essayant encore de couvrir LA MALHEUREUSE FRANCE ET SON MALHEUREUX EMPEREUR !!!

Aussi, comme sur le gazon de Camden-Place, à la voix ferme et forte de notre jeune empereur qui semblait nous y convier en nous parlant *du compagnon de la gloire et des malheurs de son père,* nous voulons saluer ici, *avant tout,* le duc de Magenta, et lui jeter même en guise de salut ce cri qu'il entendit plus d'une fois retentir au sein des batailles :

« VIVE L'EMPEREUR !!!! »

Nous savons que ce cri ne blessera pas son vieux cœur de soldat ! ce cri qui nous a tant de fois conduits, et qui devra nous conduire encore à la victoire ! ce cri qu'il entendra encore pousser, peut-être, qui du moins sera dans tous les cœurs le jour *où, bientôt,* il va inaugurer, à la tête de l'armée française, le relèvement de la colonne Vendôme, le relèvement de la colonne *de la grande armée.........qui va précéder sans doute le relèvement de ce qui fut la France !!* Et combien d'ailleurs sera amer ce jour, s'il est vrai, comme le dit le grand poëte de l'Itálie notre sœur, *qu'aucune douleur ne surpasse celle du souvenir des temps heureux dans la misère!!!*

Gloire! Patrie! Napoléon!

Ces mots seront-ils donc à jamais séparés?

Et cependant la France, hier *librement* consultée, n'allait-elle pas *déjà* chercher un nom qui signifie autant: *fidélité à la gloire que fidélité au malheur?* (1)

Oui, oui:

« VIVE LA FRANCE ET VIVE L'EMPEREUR!! »

Et qui voudrait, qui pourrait donc nous empêcher de pousser ce vieux cri sacré, en ce jour où un nouveau Napoléon vient de revêtir *la robe virile?..*

Un bref du pape infaillible serait-il donc aujourd'hui indispensable en France.... *et sous la République septennale,* pour pousser librement le cri de sa foi??

ROYAUTÉ! RÉPUBLIQUE! EMPIRE!

La trêve doit être égale pour tous! jusqu'au jour où l'Assemblée et le maréchal se décideront enfin, dans leur sagesse et leur patriotisme, en voyant sous leurs yeux la France périr des suites du provisoire, à convoquer la nation dans ses comices, et à lui dire: « FRANCE, DÉCIDE TOI-MÊME DE TON DESTIN!!»

Loin de nous, bien loin de nous, d'ailleurs, la pensée de voir cette Assemblée et le maréchal continuer, dans le doute où ils doivent être, à vouloir s'imposer à cette France pantelante et meurtrie, à cette glorieuse blessée (*blessée à mort peut-être!*), en faisant leur : la brillante journée des ignorants et des lâches bavards vides, qu'on a appelée: « *La République du 4 Septembre!!*»

Un nouveau Napoléon vient d'entrer sur la scène du monde!

« *A cet enfant quel destin est promis?* »

Se demanderait certainement le grand barde du héros son aïeul. . . . .

____

(1) Le général Bertrand à Bordeaux.

Il s'avance seul avec son nom « NAPOLÉON!! » entre deux écueils : *Waterloo et Sedan!*... sombres retours de la gloire la plus haute, de la prospérité et de la générosité la plus grande!!

Cette gloire! cette prospérité! cette générosité ne sont plus, elles se sont écoulées avec le sang de la France? Elles ont passé comme un rêve! Mais elles vivront cependant éternelles dans la mémoire des hommes, tant que quelques pauvres idiots, plus stupides encore peut-être qu'infâmes, n'auront point effacé de la terre les mots :

« Dieu, honneur, gloire, générosité et patrie! »

« Quand je ne serai plus, s'écriait Napoléon à Sainte-« Hélène, je demeurerai pour les peuples l'étoile polaire de « leurs droits; *mon nom sera le cri de guerre de leurs efforts,* LA « DEVISE DE LEURS ESPÉRANCES! »

Et Napoléon III, fidèle à sa grande ombre, relevait l'Italie!... et c'est lorsqu'il avait ainsi accompli les plus nobles vœux de ce chef héroïque qui avait jeté le manteau d'Arcole, de Marengo, d'Austerlitz et d'Iéna sur les infâmes et sanglants marécages de la Révolution qu'il avait faite sienne!..... *qu'il avait dessouillée!* que nous avons vu des hommes assez bêtes et assez lâches pour insulter à sa chute malheureuse... QUI ÉTAIT AUSSI CELLE DE LA FRANCE!!

Ils oubliaient donc, ces traîtres à la patrie, à l'honneur et..... à la République, à la *chose publique!* que leurs promesses aux nations... c'était un Napoléon qui les avait tenues!! et que ce nom ne pouvait que grandir sous leurs insultes, qui ne sont que celles des hypocrisies, des lâchetés, des déloyautés et des incapacités les plus grandes qu'ait jamais éclairées le soleil!... le resplendissant soleil de la générosité et de la gloire!... et non pas, sans doute, LE SOLEIL DE L'ŒIL CREVÉ!!

Mais laissons là la haine; non, que dis-je? *laissons là le mépris!* et essayons de nous pénétrer du noble et généreux esprit qui a dicté les lignes qui me servent d'épigraphe;

« *C'est un grand parti national, sans vainqueurs ni vaincus, s'é-*
« *levant au-dessus de tous...* POUR LES RÉCONCILIER! »

Ainsi, à ce pays qui s'en va mourant *par la discorde, par la haine sourde* qui a succédé à la guerre civile, qui succédait elle-même à la guerre étrangère, il s'est rencontré un homme de dix-huit ans ayant déjà assez d'autorité pour lui dire : « RÉCONCILIEZ-VOUS! »

A cette France en proie à une INQUIÉTUDE TERRIBLE, nous disait hier M. Challemel-Lacour, à cette France dont la MISÈRE AUGMENTE, DONT LES AFFAIRES sont arrêtées, disait après lui M. Lepère, il s'est rencontré un homme de dix-huit ans ayant déjà assez d'autorité pour lui parler doucement et fièrement: « D'UN GRAND PARTI NATIONAL, SANS VAINQUEURS NI VAINCUS? »

Ah! c'est que cet homme de dix-huit ans : *c'est un quatrième Napoléon à son aurore!* et que cette grande race dont il descend l'autorise à venir parler, à ce qui nous reste de cette malheureuse France qui s'affaisse, de réconciliation au nom de l'idée du relèvement de la patrie!

Cette grande race, qui n'a pas toujours seulement apaisé nos discordes, mais les a encore remplacées par des jours resplendissants et prospères.

Aux jours sanglants, infâmes de la Terreur, *Bonaparte, le glorieux et pur soldat de la République,* n'a-t-il pas fait succéder l'épopée immortelle qui va de Toulon et d'Arcole à Waterloo??

Aux deux Restaurations par l'ennemi des visées de l'ancien régime!

Au règne de Louis-Philippe... qui est resté lui aussi *légendaire!*

Aux journées sanglantes de Juin! à la rage folle d'un peuple héroïque, corrompu par d'infâmes, ignobles et fausses doctrines! à ces journées qui voyaient tomber plus de généraux que les plus sanglantes batailles, un autre Napoléon ne faisait-il pas succéder *les grands jours du second Empire?* Car ce ne sont pas les monarchies d'aventure et les républiques d'aventure que nous avons vu défiler *tristement* devant nous qui ont osé prendre part à la politique européenne, et rentrer par la grande porte dans le concert des grandes puissances, et aller de Sébastopol à Magenta......... *C'est le solitaire des Tuileries,* comme affectait de le dire naguère un journal qui est cependant sans pitié pour *ce solitaire, depuis qu'il a été vaincu!*..... lui dont le fils cependant nous convie aujourd'hui à la RÉCON-CILIATION!!

Aussi la France, qui voit, qui sent, qui croit, qui comprend enfin qu'elle n'a jamais vu passer de jours plus resplendissants, plus glorieux et plus prospères que ceux des *deux Empires*, n'attend que le moment où il lui sera permis de le dire en toute liberté!

Les Napoléons, de leur côté, qui lui ont toujours apporté la grandeur et la prospérité en échange de l'Empire, ne demandent qu'à s'en remettre à son suffrage..... *mais à son suffrage seul!* Ils savent, et la France avec eux, que, s'ils n'ont pas toujours été heureux ou habiles, ils ne pouvaient prendre l'engagement d'être toujours heureux et habiles? Et puis le pays, la France, ne sent-elle donc pas qu'une forte part, au moins, de responsabilité lui revient dans les causes morales et politiques qui ont amené la chute du second Empire? Et puis; d'où vient donc que les Bonapartes, forts de leur conscience, qui leur dit qu'ils n'ont jamais pensé qu'à la grandeur ou à la prospérité de la France, osent seuls demander à affronter le scrutin populaire? et que personne, excepté eux, n'ose se réclamer *de l'incontestable manifestation de la souveraineté nationale??*

Et d'où vient que l'émeute soi-disant triomphante du 4 Septembre, dont nous subissons les lamentables suites, *n'ose se soumettre à cette sanction??*

La République voudrait-elle donc, comme la légitimité, confisquer à son profit le droit populaire..... *le droit de suffrage?* ce droit dont elle aime à dire qu'elle a fait définitivement la conquête en 1848!

Et depuis 1789, la grande année! n'y a-t-il donc plus pour nous que deux droits : celui qui la précède et celui qui la suit?

Et ces deux droits ne sont-ils pas représentés par deux glorieux symboles : *le drapeau blanc et le drapeau tricolore??*

Le droit ancien procédait directement de Dieu : c'est le pape infaillible couronnant le roi infaillible aussi..... *mais à ce prix seulement* (l'erreur du Concordat, et les querelles de Napoléon avec Pie VII qui en furent la juste suite, suffiraient au besoin à le démontrer)! C'est le roi acceptant, faisant sienne et appliquant, sous la surveillance du pape ou de prêtres infaillibles, sa constitution infaillible aussi, par conséquent : le Syllabus!!

Le grand Syllabus, comme disent aujourd'hui les légitimistes qui, comme M. Numa-Pompilius Baragnon, le prennent pour règle de leur conduite publique et privée!

Le droit nouveau, lui, *qui se propose de relever de plus en plus la créature humaine,* procède à la fois de Dieu et du peuple; on l'a défini par ces mots : « Vox populi, vox Dei. » C'est de ce droit que les Napoléons se réclament. Fils de 89, ayant sauvé deux fois la France, au moment où elle allait périr par la discorde, ils demandent à ce qu'elle décide s'ils doivent essayer de la sauver encore??

Ils demandent, du moins, qu'avant de s'incliner devant la République, elle se présente à eux, comme ils se présentent à elle : forte du suffrage populaire!!

Est-ce donc vraiment trop demander?

Et ne voyons-nous pas la représentation nationale elle-même hésiter à reconnaître, à proclamer cette République, cette forme de gouvernement, ou plutôt cette *vacance* de gouvernement, sortie d'une émeute, comme celle de 1848, et qui n'a sur celle-ci que l'avantage d'avoir su joindre à la guerre civile, son ordinaire et unique élément, une guerre étrangère *qu'elle n'a pas su mener!*

En montant à Chislehurst pour me rendre à Camden-Place où j'allais entendre et saluer mon jeune empereur, ou plutôt celui pour lequel, *fort de mon droit,* je compte voter bientôt, je lisais justement dans l'*Ordre :*

« Comme la dynastie d'Orange, la dynastie des Napoléons

« est arrivée par le libre choix de la nation. La première
« avait à faire prévaloir *toutes les idées morales qui avaient la
« Réforme pour drapeau ;* la seconde avait à faire triompher les
« principes démocratiques antérieurs à la Révolution et com-
« plétés par elle. »

Et il me semblait que le rédacteur heureux de ces lignes
n'avait pas complété sa pensée. Ne voulait-il donc pas indi-
quer que la dynastie des Napoléons, en succédant à nos temps
troublés, avait aussi pour mission,- comme l'illustre maison
d'Orange, de faire triompher les idées morales qui avaient,
chez nous, la Révolution, sinon la Réforme, pour drapeau ?

Et puis la Réforme, le protestantisme n'a pas à vrai dire
d'existence propre, ce n'est *qu'une réforme du catholicisme
romain ; une-protestation contre les abus qu'il a introduits* dans le
vrai et pur christianisme, le pur Évangile, qui lui seul est
catholique (UNIVERSEL) !

Et la Révolution française n'aurait-elle donc voulu que sa-
tisfaire les besoins matériels et égalitaires des masses ?? Et
ce généreux sang versé à flots et sans compter sur tant d'immortels champs de bataille par les Napoléons ne protesterait-
il pas contre de pareilles doctrines ?

Et n'était-ce donc pas un effort moral, poussé à l'excès sans
doute, que ces guerres qui nous rendaient au culte de l'honneur, de la grandeur et de la gloire, *après les horreurs sans nom
de Marat, de Danton et de Robespierre ?*

Et jamais, l'histoire en fait foi, jamais sang coula-t-il pour
un but plus moral, plus généreux, plus élevé et plus noble,
que le sang qui coulait à Magenta et à Solférino ?

Oui, sans doute, la maison Bonaparte, comme la maison
d'Orange, peut penser à fermer l'ère de nos luttes atroces, de
nos révolutions insensées qui semblent n'avoir d'autre but
que le vide et le vague.

Elle nous délivrera de ces songe-creux, de ces *coquins*, de
ces idéologues, disait Napoléon, qui aiment à tout promettre,
sans jamais se préoccuper du jour où les masses les mettront
en passe *de tenir au moins quelque chose* ! !

Et n'est-ce donc pas précisément le *grand mérite* de l'illustre maison d'Orange qui succédait à des temps plus terribles encore, peut-être, que les nôtres, ces temps qui avaient vu *les niveleurs* et *les millénaires* et cent autres sectes imbéciles (qui disaient déjà, dans ce temps-là, tout ce que les fortes têtes de la République de nos jours nous donnent pour de la science), d'avoir su faire sienne et compléter cette grande transaction morale entre le droit ancien et le droit nouveau, en la basant sur les principes de la morale éternelle de l'Évangile ! Et n'est-ce pas, sans nul doute, à cette base morale inattaquable et inattaquée que l'Angleterre doit l'immense prospérité à laquelle elle est arrivée ? et cette sagesse qui, chez elle, met partout les mots : lumière, discussion et *transaction après loyal examen des griefs,* où nous mettons nous : querelles, insultes, vanité ridicule, stupide entêtement, mauvaise foi insigne, *et enfin : révolutions et massacres ! !*

Oui, la grande mission des Napoléons est précisément de faire prévaloir toutes les idées morales et saines, qui n'ont pas eu malheureusement chez nous *la Réforme, mais la Révolution seule,* pour drapeau.

Aussi il faut espérer que la France et les Napoléons-Bonapartes ouvriront enfin les yeux et verront que c'est un malheur, un grand malheur, que les idées morales et saines que contenaient, que doivent nécessairement contenir les principes démocratiques, et que voulait faire triompher dans le monde notre immortelle Révolution de 1789, n'aient pas eu aussi en France, *comme en Angleterre, la réforme du catholicisme pour drapeau !*

Suivons le cours des événements, et nous verrons bien vite que c'est de là que sont sortis tous nos malheurs. Nous verrons que c'est cette impéritie qui faisait accepter à la Révolution : *la religion de l'ancien régime d'où venait tout le mal,* sans la réformer du tout ; et sans faire une révolution, une réforme dans l'Église, comme elle avait bien su faire une révolution, une réforme dans l'Etat, qui a amené notre ruine et la rendra... *infaillible, elle aussi,* si nous continuons à rester engagés dans les mêmes voies !

Suivons l'histoire :

Et d'abord, chez nous, cette obstination bornée à faire vivre ensemble, *et censément unis*, ÉTROITEMENT UNIS, le droit ancien et le droit nouveau sur le terrain religieux d'autrefois, n'a-t-elle pas, depuis quatre-vingts ans que cela dure, *exaspéré ces deux droits*? Et ne venons-nous pas de voir, sous nos yeux, tandis que le droit ancien poussait droit devant lui avec les jésuites (nés depuis la Réforme, *et pour la combattre*), jusqu'à l'infaillibilité papale, et l'excommunication ex cathedra de tout ce que nous appelons : les conquêtes de 1789 ! le droit nouveau ne trouver d'autre réponse à lui faire que la négation imbécile de tout spiritualisme, ou mieux *de tout esprit*, ou mieux encore : DU GRAND ESPRIT ! et la proclamation d'une liberté individuelle, poussée jusqu'à ses plus ignobles et plus extravagantes limites : « *plus de Dieu, plus de religion, plus d'honneur, plus de* » *famille, plus de propriété, plus de drapeau, plus de patrie ! ! !* »

L'Empire cependant avait voulu, lui aussi, de bonne foi comme la maison d'Orange, laisser triompher les nouveaux principes en vertu desquels il était arrivé au pouvoir...... N'a-t-on pas vu les deux Empires *aller jusqu'à essayer d'organiser le pouvoir parlementaire* ? ? ?

Mais malheureusement, en France, la Révolution, nous l'avons déjà dit, ne s'était pas appuyée sur la Réforme. Elle était restée attachée au catholicisme ; on avait même nié le besoin d'aucune religion ! il n'y eut donc *aucune réforme, aucune protestation* dans le *sens religieux du mot !* On en resta sur les railleries profondes de Voltaire..., indignes en plus d'un point, *peut-être*, de son élévation et de son génie..., *et on ne fit rien !*

L'Empire, qui avait mis *toute sa gloire*, ET QUELLE GLOIRE ! ! A ÊTRE LE CHEF LÉGITIME DE LA RÉVOLUTION, hérita de cet état de choses.

Et s'il sut bien faire transiger, après d'horribles tourmentes, l'ancien et le nouveau droit, *tout le mouvement d'idées de* 1789, *sur le terrain civil*, dans ce code immortel auquel Napoléon donna son nom, en y introduisant même la loi morale et protestante du divorce ; il voulut bien essayer aussi de faire tran-

siger l'ancien droit et le nouveau droit *sur le terrain religieux,*
et il fit avec la religion ancienne, *la religion de l'ancien régime,*
ce qu'on a appelé LE CONCORDAT !

Mais ici encore, la preuve de sa bonne foi, c'est qu'il n'a
jamais pu s'entendre avec cette religion DE L'ANCIEN RÉGIME!
et qu'il en est venu avec la papauté *à une brouille complète !*

Lorsqu'il fut tombé et que les Bourbons revinrent, la papauté et ses milices : *les jésuites, les dominicains, les capucins,* se
crurent revenus aux beaux jours de la vieillesse de Louis XIV,
aux beaux jours de la régence et de Louis XV! Ils crurent que
c'en était fait désormais de 1789, et que nous rentrions sous
le régime DU BON PLAISIR !! Et tandis que Napoléon s'écriait
à Sainte-Hélène: « *J'ai voulu militariser la France, ils l'ont enca-
pucinée !* » Béranger *chantait :*

> « Les capucins sont nos cosaques :
> « A prendre Paris nous les exerçons.
> « Et puis nous fessons,
> « Et nous refessons :
> « Les jolis petits, les jolis garçons. »

Toute l'histoire encore d'aujourd'hui !

L'influence des congrégations amena bientôt le coup d'État
de Juillet, et la légitimité retourna en exil. La déroute fut
immense pour la papauté et ses rêves ; mais en France, rien
encore de positif, *aucune réforme, aucune protestation religieuse
effective* ne sortit de la révolution de juillet 1830! On n'eut que
la mascarade saint-simonienne, et on en resta toujours aux
railleries profondes de Voltaire..... *On ne fit rien !!*

Et la papauté, quoique bafouée et ayant un rôle difficile
après la fin de l'Empire et les deux Restaurations, pendant
lesquels elle s'était montrée si ouvertement l'ennemie décla-
rée et *irréconciliable de toute notre gloire et de toutes les idées de* 1789,
n'en restait cependant pas moins maîtresse absolue du ter-
rain religieux, et s'y affermissait par ce travail souterrain
où elle est sans rivale, en attendant *des occasions ou des événements
favorables !*

La révolution de 1848 arriva... aussitôt, le mot d'ordre donné au clergé fut *de se jeter à corps perdu dans le mouvement*, de le soutenir, de le seconder ; et on vit partout les prêtres, peu rassurés d'ailleurs sur leur rôle si nouveau, bénir, à qui mieux mieux, les arbres de la liberté ! Pendant ce temps-là la démocratie, conduite, comme à l'ordinaire, par des imbéciles ou par des coquins, qui n'avaient pas plus d'idées pratiques à appliquer en 1848 qu'en 1830, tomba bientôt dans la guerre civile, et la France en revint à ce nom de Napoléon, qui avait su si bien *organiser, en la calmant et en la couvrant d'une gloire immortelle, sa première Révolution !*

Mais l'élément religieux reparut alors dans toute sa force, et vint compliquer la situation par la fuite du pape et la proclamation de la République à Rome même ! Et l'on vit Napoléon-Louis Bonaparte, qui avait marché dans les Romagnes *contre le pouvoir temporel de Grégoire XVI*, OBLIGÉ *d'obéir au gouvernement parlementaire de la République française, en restaurant le pape à Rome !* Il subissait déjà les conséquences de la fausse situation de la France sur la question religieuse, question qui devait, nous le verrons bien dans la suite, non-seulement compliquer tout son règne, MAIS ARRIVER A LE DÉTRUIRE !!

Il demandait bien à la Rome papale *des réformes !*... mais Rome, qui se savait déjà infaillible, n'en accordait AUCUNE !! *Et tout le monde était ravi !* Et dire que nous sommes ainsi faits en France... le pays, *dit-on, le plus spirituel de la terre ! !*

Le temps marchait, et la France, ou du moins son parlement doctrinaire-parlementaire-républicain-légitimiste, que sais-je ! car ils sont *tous*, après tout, aussi bornés les uns que les autres sur cette question, s'en allait bientôt, *exalté par la restauration du pape à Rome*, rêver la restauration, *ou du roi, ou de la Révolution*, à Paris ! et on préludait déjà à la fameuse fusion qui devait s'accomplir plus tard *sur les ruines de la France !* Et c'est le coup d'État de l'empereur Napoléon III qui mit fin à tous ces indignes tripotages, et nous délivra aussi bien, *il ne faut jamais l'oublier*, parce que nous sommes appelés, sans doute, *à revoir quelque chose de pareil :* de la légitimité, de la fusion, de l'orléanisme et de la révolution de 1848, ou mieux de la république bourgeoise et communarde.

LA FRANCE, QUI AVAIT ENTREVU LE GOUFFRE, APPROUVA PAR 8 MILLIONS DE SUFFRAGES (1)!!!

Et c'était M. Thiers, le chef hier de la République du 4 Septembre, après avoir été son brillant diplomate, qui menait déjà ce mouvement civilisateur, et qui était déjà le coq de ces temps-là !

Voici comment M. A. Dechamps, ministre d'État en Belgique, juge M. Thiers :

« Il a rappelé récemment à la tribune, avec une juste fierté, « *les grands souvenirs de son passé conservateur :* je m'y complais « aussi, je viens de rappeler ceux qui se rattachent à l'épo- « que de la révolution de 1848, alors qu'il était à la tête de ce « puissant parti de l'ordre *qui sauva la France,* donnant la main « à MM. de Falloux, Montalembert, Berryer, Lamoricière, « Changarnier, Dufaure, Odilon Barrot, édictant avec eux et « avec l'évêque d'Orléans la loi de 1850 sur l'enseignement, « faisant la réforme électorale du 31 mai et l'expédition de « Rome!..... Sous l'Empire, M. Thiers soutint constamment « les mêmes idées d'ordre CONTRE LES ABANDONS DE L'EM- « PEREUR AU DEDANS ET AU DEHORS (et que disent donc ici « les pauvres républicains de leur pauvre petit grand « homme?); il défendit, au nom de la politique de la France, « L'ALLIANCE AVEC L'AUTRICHE, c'est-à-dire le principe con- « servateur en Europe, ET L'ALLIANCE AVEC LA PAPAUTÉ, « AVEC ROME, C'EST-A-DIRE LE PRINCIPE CATHOLIQUE DANS « LE MONDE! »

Remarquons bien ces mots : *les abandons de l'empereur au dedans et au dehors....* cela veut dire sans doute : gouvernement assez libéral à l'intérieur et.... guerre d'Italie !

(1) Et c'est de la *constitution suisse* que les *Débats* (*ah! pour l'amour du grec ?*) nous disent gravement : « Le projet de révision de la constitution « suisse a été adopté *à une majorité assez forte pour donner à cet acte d'une* « *importance capitale toute l'autorité nécessaire.* »

Et il se trouve encore des gens en France pour faire peser sur l'empereur SEUL la responsabilité de toutes les malheureuses tergiversations de la France, et c'est cependant LUI SEUL, au contraire, *qui a jeté de la gloire sur nos inconséquences, comme son oncle immortel en avait jeté sur nos crimes !*

Et cependant la création du royaume d'Italie porta à leur comble les difficultés de la question religieuse! Combien de temps avons-nous-entendu parler *de la question romaine ?*

Le pape, prince italien, ne voulut *jamais* consentir à entrevoir même la chute de son pouvoir temporel. Remis en possession de Rome, *capitale de l'Italie, par la France,* il ne voulait pas comprendre qu'il fallût la livrer si tôt à Victor Emmanuel. *Était-il vraiment seul dans son tort?* La question traîna longtemps. L'empereur, plein de sagesse, attendait, en cherchant d'ailleurs toujours, *à la suite de la France,* les conditions IMPOSSIBLES de la *transaction* entre l'ordre ancien et l'ordre nouveau sur le terrain religieux.

On espérait amener, avec le temps, le pape *à céder,* mais on fut obligé de laisser battre ses troupes à CASTELFIDARDO, où reparut la fleur des héros du libéralisme de 1848 et la fleur de la légitimité.... Lamoricière et Pimodan !!.... MM. de Falloux, Thiers, Guizot, Dufaure, Dupanloup, Changarnier n'y étaient pas!

ON ENLEVA LES LÉGATIONS AU PAPE!!!

Ce fut un beau tapage! Tous les libéraux, tous les parlementaires, tous les républicains de l'Union libérale, au nom de la liberté de conscience (*que diable allait-elle faire dans cette galère?*), s'ameutèrent à l'Académie POUR L'INFAILLIBILITÉ PAPALE! Cela ne s'est *jamais* vu et ne se reverra peut être *jamais.....* qu'en France!!

L'Empire crut devoir, en présence *de ce tolle académique et parlementaire,* refuser POUR JAMAIS l'entrée de Rome à Victor-Emmanuel! Et ce fut là, sans aucun doute, la faute capitale du second Empire! Ce n'était plus de la TRANSACTION, *c'était prendre fait et cause pour la papauté,* pour la plus grande enne mie de la Révolution de 1789 et des Napoléons, entre lesquels elle ne fait d'ailleurs AUCUNE DIFFÉRENCE!!

Et le pape, après avoir, dans le Syllabus, *anathématisé* tout ce que nous appelons nos conquêtes de 1789, Syllabus que le concile devait bientôt déclarer INFAILLIBLE! ne disait-il pas hier : « *Lorsque nous nous rappelons que l'origine de tous les maux* « *est venue de ceux qui, à la fin du siècle dernier, s'étant emparés du* « *pouvoir suprême,* importèrent LES HORREURS D'UN NOUVEAU « DROIT *et propagèrent les fictions d'une doctrine insensée!* »

Et il ajoute : « Le *Très-Haut*, à qui appartient la justice et « la force, présage un avenir où le règne de l'erreur sera pro-« chainement détruit et où, par conséquent, LA CAUSE DES « MAUX SERA EXTIRPÉE JUSQU'A LA RACINE; il donne en « même temps l'espérance d'une parfaite organisation et « d'une RESTAURATION DE LA GRANDEUR ET DE LA GLOIRE « DE LA FRANCE. » Et ne voilà-t-il pas qui est bien explicite? Peut-on appuyer en termes *plus clairs* et *plus chauds* : LA RES-TAURATION D'HENRI V?? et c'est *pour préserver, pour sauver ce pouvoir infaillible, qui préparait... qui couvait cette* RESTAURA-TION! que la France et l'empereur perdirent tout le bénéfice de la campagne d'Italie... *et c'est nous qui avons poussé l'Italie dans les bras de la Prusse!* Et c'est ainsi qu'on se trouva SEULS SUR LE RHIN POUR LA COMBATTRE (1)!!

____

(1) Et c'est M. Latour du Moulin, *fort du témoignage de M. le duc de Gra-mont,* qui éclaircira ici notre texte ; voici ce qu'il nous dit : « que l'Italie était « aussi étroitement liée envers nous que l'Autriche.

« Ses engagements, comme ceux de cette dernière puissance, avaient d'ail-« leurs une base déjà ancienne, puisqu'ils remontaient à des pourparlers enga-« gés avec la France... EN 1869, dans le but d'amener une entente des trois « nations pour le cas probable d'un nouveau conflit de l'Autriche avec la « Prusse. Le traité projeté d'alliance *offensive et défensive* ne put aboutir alors « par suite des exigences du roi d'Italie qui, d'accord avec le cabinet de « Vienne (et c'est l'Autriche..... la catholique Autriche! qui était ici PLUS « ÉCLAIRÉE QUE LA FRANCE), *demandait l'évacuation, par nos troupes, du terri-« toire pontifical. — Un échange de lettres autographes entre les trois souverains « constata cependant l'entente qui s'était établie sur tous les points.....,* SAUF SUR « LA QUESTION DE ROME! » (L'empereur *reprenait* donc, hélas! la politique de MM. de Falloux, Cavaignac, Thiers..... *et après Magenta..... Pauvre France!!!*

Et par un singulier rapprochement, comme si ces deux questions devaient toujours se suivre, c'est juste au moment où l'empereur succombait à la frontière que le concile, réuni à Rome, proclamait la papauté et son *Syllabus* infaillibles!! et que la papauté, mise ainsi par un privilége céleste au-dessus des conciles, en BRISANT LE CONCORDAT, faisait désormais, comme nous venons de le voir, non plus seulement de la religion, mais aussi de la politique infaillible!!

On le voit, le désordre était au comble dans toutes les idées morales, religieuses et civiles de la France! Cette nation qui *datait ses droits de* 1789, et qui exposait sa nationalité pour sauver une religion qui *anathématisait d'une façon infaillible tous ces mêmes droits!* Non, cela ne s'était jamais vu, et ne se reverra sans doute jamais! Mais il serait de la dernière injustice d'imputer tous les torts à l'empereur seul; n'avons-nous pas vu les chefs de la future République, *ceux qui devaient succéder à l'Empire*, le pousser violemment dans cette voie, *et son parlement, et ses propres ministres, les y suivre docilement?*

Mais ce n'était pas tout encore, et il semble vraiment que le même désordre qui régnait dans l'ordre moral et religieux devait réagir sur l'ordre politique! Et ce devaient être encore les mêmes hommes néfastes qui devaient présider là *à de nouveaux abandons de principes* qui devaient, pour le pays, se traduire toujours par les mêmes naufrages!

Lorsqu'au milieu d'une grandeur et d'une prospérité inouïes, se compliqua tout à coup la question, déjà depuis longtemps pendante, du *Sleswig-Holstein*, et que nos ennemis de 1815, un moment encore alliés pour écraser le Danemark, finissaient par en venir aux mains : *sous nos yeux et à nos portes!* ce fut, il est vrai, une bien grande faute de ne pas entrer à Bruxelles et à Mayence, *au bruit du canon de Sadowa!!* Mais qui donc en France osa le conseiller? Et qui donc d'ailleurs, parmi tous ces partis flétris et honteusement tombés du pouvoir, avait gardé le droit de donner un conseil à l'empereur? Était-ce vraiment les deux Restaurations, l'orléanisme, ou la république de 1848??? Non certes! et ce n'est d'ailleurs que l'héritage des fautes de tous ces *détestables régimes,* qu'on retrouve malheureusement toujours au fond des fautes de l'Empire !

Et ne sont-ce donc pas MM. Thiers, Guizot, etc.,.etc., et toute la prétendue démocratie républicaine, même celle *qui affecte de se dire bien radicale et n'est, en somme, comme eux tous, que dévorée des plus vils instincts de la bourgeoisie !* qui ont encore une fois *poussé à cette politique,* dont ils affectent aujourd'hui de rendre l'empereur seul responsable, en encensant *le tout petit,* ah oui ! *bien petit bourgeois....* qui n'aurait jamais été sans doute ni à Magenta, ni à Solférino, ni ailleurs?

Et c'est ainsi qu'en France, par un engouement des plus stupides et des moins raisonnés, nous arrivons à prendre pour des dieux : *les plus tristes et les plus vieux magots* !!

Et c'est ainsi *qu'à l'origine de tous nos malheurs,* nous retrouvons *ces hommes néfastes; ces hommes funestes à leur pays, autant par leur sottise, leur suffisance et leur opiniâtreté, que par leur basse médiocrité !!*

Oui, si l'empereur ne put marcher sur le Rhin, on le dut encore à cette politique des héritiers, *heureux et contents,* des Chambres vaincues de 1815, dont les lâches conseils nous éloignaient toujours du Rhin et nous avaient même fait chercher au Mexique je ne sais quelle compensation *impossible* à l'occupation *des bouches du Rhin et de l'Escaut...* dont il fallait toujours se tenir soigneusement éloignés... pour ne pas déplaire à l'Europe ! nous disaient *ces grands politiques...* si grands sans doute *à la salle des ventes* !... *mais si petits* ! *si petits* ! *si misérablement petits* ! *si odieusement petits dans l'histoire* !!

L'empereur seul... *le solitaire des Tuileries* ! pensait à cette France qui s'était confiée à lui, qui lui avait remis le soin de ses destinées ! Il sentait, lui, NAPOLÉON-BONAPARTE, que cette question affectait au plus haut point l'honneur de la France, sa dignité, et mettait en cause ses intérêts les plus directs et les plus chers : *ceux de sa gloire et de sa puissance* !!

Et l'empereur Napoléon III, à défaut *de ses pauvres, de ses misérables conseillers d'alors,* le sentait si bien, qu'avant Sadowa, à Auxerre, dans un discours demeuré célèbre, il semblait protester contre les bavardages séniles et sans dignité de ceux qui, aux *Chambres françaises,* ne pouvaient concevoir d'autre politique que celle de *la conservation passionnée des traités de* 1815 !!

L'empereur disait au maire d'Auxerre, en remerciant en sa personne le département de l'Yonne d'avoir été un des premiers à lui donner ses suffrages en 1848 : « C'est que ce dé-« partement savait, *comme la grande majorité du peuple français,* « *que ses intérêts étaient les miens et que je détestais comme lui ces* « *traités de* 1815 *dont on veut faire aujourd'hui l'unique base de* « *notre politique extérieure.*

« » *Je vous remercie de vos sentiments. Au milieu de vous je respire* « *à l'aise,* car c'est parmi les populations laborieuses des villes « et des campagnes que je retrouve *le vrai génie de la France !*

Et il faudrait vraiment que la France entière pût suivre dans les débats qui s'élevèrent alors aux Chambres la platitude, la lâcheté et la bassesse des conseils donnés par MM. Thiers, Jules Favre, Garnier-Pagès, ÉMILE OLLIVIER, Lanjuinais, Guéroult et Ernest Picard !... J'en passe, et des plus..... je ne sais vraiment que dire ! Elle se rendrait bien compte du rôle qu'y a joué l'opposition ; elle verrait que tous ces hommes d'État (*ces bouffons !*) étaient d'accord pour conseiller, pour imposer au pays le plus lâche, le plus plat, le plus vil abandon de toutes ses traditions passées : RÉPUBLI-CAINES OU BONAPARTISTES !!

Ils semblaient tous craindre que l'Empire ne préparât ses forces pour entrer à Bruxelles et à Mayence... en évacuant Rome !! Et tous maudissaient à l'envi, à la suite de la plus ignoble démocratie : A LA SUITE DE PROUDHON ! l'idée nationale française, républicaine (quand il y avait encore des républicains !) et bonapartistes DES FRONTIÈRES NATURELLES !

Et c'est encore M. A. Decamps, ce ministre belge, qui nous dit : « La guerre de 1870 a sauvé la Belgique, *objet d'une* « *longue convoitise, surtout de la France napoléonienne et de la* « *France républicaine !* »

Tout ce monde-là indiquait déjà qu'il n'attendait que le

moment de restaurer les d'Orléans, qu'ils avaient été si étonnés de renverser en 1848 !

Et l'Empire cependant écoutait tout cela ; il se laissait même trop aller à ces discours loquaces, impudents, pervers, lâches et pâteux d'hommes politiques déflorés et flétris, qui n'ont point, qui n'ont jamais eu de passion ; qui n'ont que des intérêts sordides comme eux, vils intérêts de parti, de sottise, ou d'autres plus vils encore, qu'on ne peut NI QUALIFIER, NI NOMMER ! ! !

M. Thiers s'écriait : « JE SUPPLIE LES ALLEMANDS de con-
« sidérer — *et ils ne se plaindront pas des formes que j'emploie avec*
« *eux* — JE LES SUPPLIE de considérer que le plus grand
« principe de la politique européenne est que l'Allemagne
« soit composée d'États indépendants, liés entre eux par un
« simple lien fédératif. . . . .
« Je le répète, *je supplie les Allemands* de ne pas oublier que
« c'est là un des grands principes du droit public euro-
« péen. . . . .
« J'aurais désiré qu'on ne prît pas Nice et la Savoie, car je
« vous ai déjà dit à cette tribune, il y a deux ans, que, sui-
« vant moi, il valait mieux une bonne politique qu'une pro-
« vince de plus.

« Si quelqu'un par exemple venait nous dire : Prenons
« vers le Rhin, prenons vers l'Escaut des provinces nouvel-
« les, je supplierais mon pays de ne pas céder à ce funeste
« sentiment d'avidité. »

Et plus loin, cette contradiction imbécile : « La politique
« de la France ! Comment ! la France de ce grand siècle, de
« ce XVII° siècle, qui a été immortalisé par les noms de ces
« hommes mémorables : Turenne, Condé, Vauban, Catinat,
« Luxembourg, Vendôme, Villars, lesquels ont versé leur
« sang pendant un siècle entier pour la gloire de notre patrie,
« comment ! CETTE FRANCE AURAIT EU UNE MAUVAISE POLI-
« TIQUE? NON ! NON ! »

Aussi ce sont tous ces discours, produits *d'un vieux bavardage sans suite,* qui faisaient dire à Henri Heine :

« *L'époque la plus florissante de la période parlementaire fut sous*
« *le ministère du 1ᵉʳ mars 1840. Ce* ministère *peut encore avoir*
« *pour les Allemands un intérêt particulier,* parce que le président
« du conseil, M. Thiers, *par son bruyant tambourinage, réveilla*
« *de son sommeil léthargique notre bonne Allemagne* et la fit entrer
« dans le grand mouvement de la politique de l'Europe.
« *M. Thiers battait si fort la diane que nous ne pouvions plus nous*
« *rendormir; et depuis nous sommes restés sur pied.*
« Sɪ ᴊᴀᴍᴀɪꜱ ɴᴏᴜꜱ ʀᴇᴅᴇᴠᴇɴɪᴏɴꜱ ᴜɴ ᴘᴇᴜᴘʟᴇ, M. Tʜɪᴇʀꜱ
« ᴘᴇᴜᴛ ʙɪᴇɴ ᴅɪʀᴇ Qᴜ'ɪʟ ɴ'ʏ ᴀ ᴘᴀꜱ ɴᴜɪ, ᴇᴛ ʟ'ʜɪꜱᴛᴏɪʀᴇ ʟᴜɪ
« ᴛɪᴇɴᴅʀᴀ ᴄᴏᴍᴘᴛᴇ ᴅᴇ ᴄᴇ ᴍᴇ́ʀɪᴛᴇ... » ET LA MALHEU-
« REUSE FRANCE AUSSI SANS DOUTE?

M. Jules Favre s'écriait : « Si l'on proposait au cabinet
« des annexions, *les repousserait-il ?* (Interruption.) *Déclare-*
« *rait-il que la Belgique ne sera jamais envahie, que l'État de*
« *Luxembourg ne sera jamais menacé, et que nous devons toujours*
« *rester dans les limites de nos frontières ?* » (Bruyante interruption.)

De cette ʙʀᴜʏᴀɴᴛᴇ ɪɴᴛᴇʀʀᴜᴘᴛɪᴏɴ..... qui en a tenu
compte ?

« Je le déclare, s'écrie à son tour M. Garnier-Pagès.....
(celui qui est toujours membre du gouvernement provisoire !),
« il faut avoir la volonté et *l'énergie* d'accepter la ɢʀᴀɴᴅᴇ
« ᴘᴇɴꜱᴇ́ᴇ renfermée dans cet éloquent discours de mon hono-
« rable ami M. Jules Favre ! »

Et puis c'est M. Eᴍɪʟᴇ Oʟʟɪᴠɪᴇʀ, le cœur léger de 1870 ; il
dit, lui : « Je crois, *quant à moi,* que personne en Europe ne
« menace la France. . . . .

« *Restreindrons-nous notre ambition,* et nous proposerons-
« nous comme règle la revendication de ce qu'on a appelé les
« frontières naturelles ? Eh bien, ici je m'associe au langage
« de l'honorable M. Garnier-Pagès, et je dis : *Non ! non !!*

« *La France ne doit pas donner pour but à sa politique extérieure*
« *une extension de territoire, la revendication des frontières natu-*
« *relles.* »

Et M. Guéroult : « On nous parle de la conquête des pro-

« vinces du Rhin ! Elles payent moins d'impôts, elle sont
« plus libres que nous ; pourquoi viendraient-elles à nous ? »

Et il nous dirait sans doute aujourd'hui, *comme d'autres
joufflus et pansus, mélanges de Figaro et de Sancho Pança !* que
si nous payons encore plus d'impôts qu'elles... nous sommes
au moins aussi libres !... ET QUE LA LIBERTÉ VAUT BIEN
DEUX PROVINCES DE MOINS !!..... LA LIBERTÉ DE ROTER SANS
DOUTE ??

Et puis c'est le digne, le triste, le nébuleux, l'aplati, l'effacé vicomte de Lanjuinais ! qui nous dit : « La France se
» résigna et sut oublier ses griefs en 1815. Il faut rendre
» cette justice à la Restauration, au gouvernement de Juillet,
» à la République (*de* 1848 !), QU'ILS SURENT RESPECTER
» L'ALLEMAGNE JUSQUE DANS SES SUSCEPTIBILITÉS. » (Que
c'est édifiant... et comme on sent là *la tradition des Chambres de*
1815 !... j'ai rarement lu quelque chose de plus plat !) Mais
ce n'est pas assez : « J'ai, poursuit-il, peut-être le droit de
» dire que moi-même, *pénétré du grand devoir de la France envers
» ses voisins de l'Est et du Nord,* j'ai soutenu à cette tribune
» (*M. Thiers doit protester !*), il y a bientôt trente ans, *que la
» France faisait fausse route, qu'elle suivait une politique mauvaise !
» et qu'elle était injuste toutes les fois qu'elle parlait de conquérir
» la rive gauche du Rhin.* » Ne voilà-t-il pas de fameux conseils..... *et qui nous ont menés loin ??*

L'empereur, lui, parlait ainsi : « L'opinion publique en
« France est émue. Elle flotte incertaine entre la joie de voir
« les traités de 1815 détruits et *la crainte que la puissance de la
« Prusse ne prenne des proportions excessives, entre le désir de main-
« tenir la paix, et l'espérance d'obtenir par la guerre un agrandisse-
« ment territorial.* »

En effet la Prusse, après Sadowa, joignait au Sleswig-
Holstein : le Hanovre, la Hesse Électorale, et, placée à la tête
de l'Allemagne du Nord, elle tendait au delà du Mein sa glorieuse épée à l'Allemagne du Sud !

La France tressaillit ! Ce furent les *points noirs,* les *angoisses
patriotiques !* Et *la patrie était menacée !* et ses frontières étaient

battues par les flots toujours grossissants de sa plus fière ennemie de 1815 : LA PRUSSE DU GRAND FRÉDÉRIC! Et nous étions tellement *ravalés*, et nous le sommes à ce point encore! qu'il se trouvait et qu'il se trouve des gens pour ACCUSER ou *défendre*. l'empereur d'avoir écrit : « *Il est bien évident que l'ex-* « *tension de la suprématie de la Prusse au delà du Mein nous sera* « *une occasion toute naturelle, presque obligatoire, pour nous emparer* « *de la Belgique.* »

L'Empire demanda donc à la France, aux Chambres, une armée pour arrêter au moins *aux bords du Rhin*, l'essor rapide de la jeune puissance... leur ennemie HÉRÉDITAIRE!!

Mais bah! tous ces candidats officiels de l'Empire se joignirent à l'opposition pour repousser la guerre... *et demander la liberté!.... une liberté déshonorée qui ne devait pas vivre long-temps!*

Car, il ne faut pas que le pays l'oublie, ce ne fut pas seulement l'opposition qui refusa des subsides pour la guerre, et demanda la liberté... *de ne pas voir ce qui se passait en Prusse!* ce furent aussi ces *députés officiels dont le pays doit savoir prendre les noms!* pour qu'ils ne puissent plus franchir le seuil d'une Chambre française! On eut les 116, et leur produit. M. *Emile Olivier* — *la liberté!* et la guerre aussi... faite par un niais... QUI NE LA VOULAIT PAS! *et s'y lançait cependant d'un cœur léger!!* APRÈS AVOIR REFUSÉ LES TROUPES NÉCESSAIRES POUR LA FAIRE!!

Et lorsque l'empereur montrait la frontière béante et demandait à la France de se lever toute entière contre la Prusse en armes et debout devant elle! ce fut comme une explosion de lâcheté! On nous parla de ces mots qui avaient, disait-on, *fait le tour de la France* : « Il n'y aura plus de bons numéros! Il y en « aura de plus mauvais et de moins mauvais, *mais de bons il* « *n'y en aura plus!* » *Le numéro bon était celui qui était sûr de ne jamais marcher pour la France!*

On voulait nous apitoyer sur le sort du jeune soldat qui a d'abord à souffrir LA TERREUR DU TIRAGE!

Et lorsqu'il s'agissait de *l'existence nationale,* on vint nous

entretenir du *travail national!* et en quels termes : « *Au moindre*
« *bruit de guerre, à la moindre inquiétude qui se manifestera, et Dieu*
« *sait si, depuis quelques années, les inquiétudes de cette nature sont*
« *choses rares! au moindre bruit de guerre, non-seulement les jeunes*
« *gens de la réserve craindront d'être appelés sous les drapeaux, mais*
« *les chefs d'industrie craindront de les employer dans leurs ateliers.* »
Et puis, en 1867, M. Jules Simon, car c'était lui, osait se
demander : « Mais qu'est-il donc arrivé? » Et enfin cette
lumière de la gauche, ce président de ses réunions s'écriait :
« *Je suis de ceux qui pensent que l'Allemagne complétement unie sera*
« *moins redoutable pour vous que la Confédération du Nord soumise à*
« *l'hégémonie de la Prusse.* Je compte sur les tendances qui ne
« manqueront pas de se faire jour dans un parlement vrai-
« ment allemand (*les discours de MM. de Bismarck et de Moltke*
« *sans doute!*)· *Je suis convaincu que dans l'Allemagne complétement*
« *unifiée, vous trouverez des sympathies qui aujourd'hui vous font*
« *défaut. Je ne crois pas, je le répète,* a une guerre probable. »
Et puis enfin ces paroles qu'on pourrait bien prendre pour
la peinture du premier Empire :
« Ce qui a fait la force de l'armée française, *et sa plus grande*
« *puissance,* c'est la cause sacrée qu'elle avait à défendre, *une*
« *cause qui était un objet d'envie pour ceux qui se battaient contre*
« *nous, et pour nous la source puissante et féconde de l'enthousiasme!* »
Et M. Magnin venait constater *qu'une explosion de cris s'éleva*
dans toute la France à l'annonce du projet de loi du 12 décembre
1866 qui demandait « un million deux cent trente-deux mille
« soldats. *et mettait bien réellement sous les drapeaux tous les hommes*
« *valides!!* personne ne pouvait et ne voulait, ajoutait-
« il, l'accepter ! »
Et puis c'était encore le travail et le produit national, toujours mis en regard, et bien au-dessus *de l'existence nationale*
menacée : « Il convient, pour avoir la somme totale que coûte
« à la France son état militaire, *d'ajouter la somme que tous les*
« *hommes qui sont sous les drapeaux produiraient au pays, tandis*
« *que dans l'état militaire, non-seulement ils ne produisent rien, mais*
« *encore ils consomment sans produire.* »

Et puis venaient ces raisonnements dont on peut sonder la profondeur après les dix milliards que nous a coûte la dernière guerre : « Et quand la France AURA DE LA PEINE A « EMPRUNTER, avec la dette énorme qui pèse sur son budget, « la Prusse *sera dans les meilleures conditions possibles.* » Et M. Garnier-Pagès, cette borne des gouvernements provisoires, ajoutait : « Il est évident que vous augmentez votre dé- « pense dans un moment *où vous ne pouvez pas le faire.* Je vous « ai avertis du péril, je vous ai prévenus dans la dernière « session. Je vous répète la même chose aujourd'hui ! »

Et si cependant nous avions consacré, nous, ces dix mil- liards entiers, *et même un peu moins,* A LA GUERRE ! ne se- rions-nous donc pas, *nous aussi,* comme la Prusse, au lende- main de Sadowa et de Sedan !! DANS LES MEILLEURES CONDITIONS POSSIBLES ?? Il est vrai que nous n'aurions pas eu le spectacle ridicule de voir encore M. Garnier- Pagès, *orné de gens de sa force, figurer dans un gouvernement provisoire ! Mais cela ne console pas !*

Et enfin, après que l'opposition nous eut dit *que les armées permanentes étaient jugées et condamnées, qu'elles seraient prochaine- ment remplacées ! et que l'influence scule toute-puissante c'est l'in- fluence morale, c'est l'influence des idées, c'est l'influence des principes ; que nos véritables alliés,* SOYEZ-EN SURS, *c'est la justice, c'est la sagesse !* M. Jules Favre voulait bien prendre la peine de nous raconter l'histoire de l'unité allemande : « Chacun sait qu'elle « a pris naissance sur le champ de bataille où la Prusse a « été écrasée (nous avons été moins heureux après Water- « loo !); c'est là où, palpitante et vaincue, elle a, pour re- « conquérir son influence, saisi, de sa main sanglante, ce « drapeau qui devait abriter l'Allemagne tout entière sur « ses pas ; la Prusse, quand elle a vu l'Empire reconstitué, « s'est souvenue de ces jours de 1813 (l'opposition, elle, ne « s'est souvenue que de sa sottise ! *et elle l'étale ici impudem-* « *ment !!*); dès cette époque, ses armements ont augmenté « (ce n'est pas comme chez nous !); dès cette époque, *les* « *sourdes menées ont été entreprises* (voyez-vous cela !); dès cette

« époque, vous le savez, il a éclaté entre une certaine portion
« de la population et le parti qui représentait d'une manière
« plus précise le régime militaire, une discussion qui aurait
« été fatale au ministre dirigeant, *s'il avait été vaincu, et qui a*
« *été la cause de sa gloire et de son triomphe, parce qu'il a été victo-*
« *rieux.* » Nous, nous n'avons pas été victorieux, nous n'a-
vons pas pris part à cette gloire, à ce triomphe du ministre
prussien..... Il ne nous est resté que les triomphants discours
de l'opposition! qui n'a point non plus, elle, hélas! partagé
les triomphes et la gloire du ministre prussien..... Il ne lui
reste que celle d'avoir mis son nom à côté de celui du vieux
patriotisme *toujours exténué* de M. Thiers, qui nous disait que
les armées prussiennes étaient une fantasmagorie! à côté de
celui de M. le prince de Bismarck, le ministre prussien, au
bas du traité du 26 février 1871 qui cède à la Prusse : l'Alsace
et la Lorraine! METZ ET STRASBOURG!! *qui ouvre, en un*
mot, les portes de la France aux barbares!! Mais qu'importe,
si l'on peut à ce prix *se traîner dans l'histoire et éblouir encore*
de malheureux bourgeois!!!

Et voilà l'opposition, et voilà les hommes, et voilà l'inepte, la lâche
politique qu'ils opposaient à l'énergique, froide, intrépide et hautaine
capacité de M. le prince de Bismarck!!... qui meurt peut-être aujourd'hui à la peine, comme y est mort naguère aussi Ca-
vour..... mais en laissant, comme lui, *sa patrie glorieuse, puis-*
sante et prospère!

Nous le voyons donc, le désordre politique était aussi
grand que le désordre moral et religieux! *Et, l'un réagissant*
sur l'autre, le désordre de l'État était au comble, ET ON ARRIVAIT
BIENTOT A SA RUINE!!

Qui nous rendra donc l'ordre moral, l'ordre religieux,
pour rasseoir l'ordre politique et civil??

Nous avons vu l'Empire se prêter de bonne foi à tout ce
qu'il croyait être *l'opinion publique* en ces matières, et cela
souvent *malgré ses traditions propres.* Le malheur est qu'il n'y
avait point *d'opinion publique,* et qu'AUCUN *principe moral, reli-*
gieux, politique ou civil n'était resté debout!! et que l'empereur,

malgré sa bonne volonté, ne savait à qui entendre dans cette France, partout *et toujours* si inconséquente et si légère!!

Et c'est encore lui, *l'empereur*, qui a été le plus fidèle à ses traditions et à ses principes!! Il a obéi au principe de transaction de l'Empire; il a essayé, en délivrant cependant l'Italie, d'empêcher Rome d'aller jusqu'à se proclamer *infaillible!*

Et désespéré, peut-être, sachant mieux que nous tous ce qu'il en était, il a néanmoins marché sur le Rhin, se sachant sans les canons et sans les troupes nécessaires, qu'il avait vainement demandés *sans cesse* aux Chambres par l'intermédiaire de ses ministres.

La France pouvait-elle donc demander toujours à un Bonaparte de reculer devant l'insolence de l'ennemi? Etait-ce bien d'ailleurs pour cela qu'elle l'avait mis à sa tête, après avoir renversé les d'Orléans et la république de 1848? Et n'étaient-ce pas d'ailleurs les républicains qui tantôt le retenaient en lui parlant de 1848, et tantôt le poussaient en lui parlant de 92??

Je laisse de côté la légitimité, parce qu'elle seule dans tout ceci est conséquente, et je dirai en plus d'un point TRIOMPHANTE! Oui, c'est elle qui semble l'emporter. Le pape triomphe, il se met au-dessus des conciles, comme Louis XVI voulait se mettre au-dessus des états généraux! Le pape semble disposer encore des couronnes, et ses fidèles, dans le monde entier, semblent se lever pour ceux qu'il affectionne et bénit. En France, c'est Henri V! En Espagne, c'est don Carlos! En Italie, ce sera bientôt François II, le grand-duc de Toscane, le duc de Parme et le duc de Modène!!! En Portugal, quelque descendant de don Miguel..... et don Carlos, un jour CHARLES VII! une fois à Madrid et à *l'Escurial!* pensera à reconstituer *le Saint-Empire d'Allemagne!!*

Et sera-ce donc la démocratie stupide, sans direction, sans règle, sans chef, sans idées d'aucune sorte, que dis-je? n'ayant pour idée *fixe et brute que la négation de tout ce qui est!* qui pourra construire la société nouvelle qu'elle rêve,

et l'asseoir sur ce qu'elle appelle : LA LIQUIDATION SO-
CIALE ??

Non, sans doute, ce ne sera qu'un orage passager mené
par quelque Marat, quelque Danton ou quelque Robespierre
du ruisseau ou de la bazoche ! Et n'en avons-nous pas eu
déjà un avant-goût en 1848, qui nous a donné *les journées de Juin* ! et en 1870, qui nous a donné *les journées de Mai !*
Et sans les troupes de l'Empire qui revenaient d'Allemagne,
que serions-nous donc devenus dans les mains des lâches
incapables du 4 Septembre ??

Faut-il donc encore parler des d'Orléans ? Et quoi ! la
France, après les *deux Empires,* s'en irait confier ses desti-
nées à un Louis-Philippe II ! ! Oh ! non, *c'est impossible !* ON
N'EN REVIENT PAS A DE PAREILS VOMISSEMENTS ! ! !

Non, c'est certainement à l'empire que la France en reviendra, et tous les jours qui s'écoulent nous en rapprochent.
C'est là seulement qu'elle trouvera les garanties d'un vrai
gouvernement national, et tellement *national* que nous pour-
rions dire, après tout ce que nous venons de voir ici, que les
fautes de l'Empire ne sont, en somme, que les fautes de la
nation elle-même.

L'Empire, sorti d'un nouveau contrat avec la nation, aura
toute l'autorité nécessaire pour résoudre, *s'il le veut bien,* des
questions qui sont mûres (1). Ces questions, elles doivent nécessairement venir devant le suffrage universel, *comme en
Suisse.*

Car ce ne sera pas tout que de revenir à l'Empire ! Il faudra bien se rendre compte de nos fautes passées, et ne plus
nous faire solidaires, *même au prix de notre existence nationale,*
des pouvoirs qui s'écroulent.

On a assez fait pour chercher la transaction avec Rome :

(1) Rappelons-nous que, sous l'empire, M. Duruy, un des ministres *les plus
éclairés que la France ait jamais vu au pouvoir,* obtenait de l'empereur...
TOUJOURS SEUL ! l'insertion au *Moniteur* officiel de l'empire français d'un rapport sur *l'instruction primaire* qui semblait conclure à la fermeture *des maisons
de frères et de sœurs !*

nous devons savoir TOUS aujourd'hui..... QU'ELLE EST IMPOS-
SIBLE ! !

Aux ménagements de la France, aux ménagements de l'empereur, Rome a répondu par un *anathème infaillible*, jeté à
tout ce qui constitue chez nous, et dans le monde entier, LA
CIVILISATION MODERNE !

Et nous devons bien le voir aujourd'hui, la paix intérieure
est à ce prix ! Il ne dépendait pas plus de l'Angleterre et des
princes éclairés de la maison d'Orange *d'empêcher la papauté
de se suicider*, que cela n'a été possible à la Révolution française et aux Napoléons, qui, venus après eux et après
Louis XIV, ont voulu néanmoins essayer encore de l'empêcher !

Nous avons vu ce que cela nous a coûté !

Rapprochons-nous donc, et cherchons ensemble à bien
comprendre ce qui vient d'arriver.

La conséquence de la chute du pouvoir temporel, et surtout
de la proclamation du dogme de l'*infaillibilité spirituelle* des
pontifes romains, *c'est la création d'Églises nationales*, dont
la discipline relèvera de l'État, appliquant lui-même l'Évangile. La chambre des Lords, en Angleterre, RÉGLAIT hier
LES CÉRÉMONIES *de l'Église Anglicane*..... L'ordre civil est de
Dieu, disaient les réformés..... *comme la voix du peuple est la
voix de Dieu* ! Il faut que l'État, *d'accord avec le suffrage universel*,
fasse la révolution religieuse, comme, d'accord avec lui, il
a fait sa révolution civile et politique. L'État ne peut plus
dépendre d'un évêque italien *pour sa religion*, cela ne soutient
pas la discussion dix minutes : c'est une influence sur notre
clergé que nous ne pouvons pas laisser prendre à un évêque
italien qui n'a rien de mieux à faire aujourd'hui *qu'à se réconcilier avec l'Italie* ! Que l'*État concentre ses forces*. Et puisque nous
ne voulons pas, sans doute, n'étant pas la légitimité, aller
le remettre en possession de son pouvoir temporel, il faut
savoir accepter les faits accomplis, *faits qui découlent de notre
Révolution* ! et savoir surtout en tirer tout le bien possible.....
Et n'est-ce donc pas là *gouverner* ? Il faut retremper la nation

par un puissant réveil moral..... ce sera là la vraie RÉGÉNÉ-
RATION ! !

La séparation de l'Église et de l'État, ce n'est pas une solu-
tion ; c'est la reculade de l'impuissance ! c'est une idée, d'ailleurs, qui vient de ces lâches impuissants de la république de
1848 et de 1870 ! ces soi-disant chefs d'une tourbe ivre, qu'ils
suivent éperdus, en la flattant et en la craignant, autant au
moins qu'ils la maudissent !

C'est de *réformer la religion en la gardant dans sa main*, qu'il
s'agit, et non de la maintenir, de la souffrir et de l'entretenir *mauvaise, superstitieuse* et *corrompue* comme elle l'est aujourd'hui.

Mais ne savez-vous donc pas, me répondront LES FORTS,
que c'est ici une COMÉDIE CONVENUE ? Nous savons aussi
bien que vous, mieux peut-être, vivant plus près de ces gens-
là, *et avec eux !* ce qu'il en faut penser.... et c'est pour sauver
la société de gens pires, que nous nous précipitons dans les
bras de gens que nous savons... PIRES ENCORE ! ! ! Et voilà
donc à quoi devrait aboutir le travail des siècles ? ? *Et cette
profonde immoralité serait le dernier mot des choses ! !* Et la société
se déclarerait ainsi *incapable d'entreprendre aucune sage réforme...
et la partie serait à ce point perdue, que l'on n'oserait plus faire entendre une parole honnête, une parole de bonne foi désintéressée,* à ce
peuple de la rue et des salons,... désormais aussi corrompus,
aussi avilis, aussi bêtes et aussi ignorants l'un que l'autre ! !

Non ! non ! La France de Voltaire ! la France de Rousseau !
la France de 89 ! saura dégager ses intérêts de ceux d'une
querelle honteuse ! et elle laissera, pour le bonheur et le
repos du monde, la papauté s'abîmer dans les intrigues soi-
disant triomphantes de la société de Jésus ! !

Un État bien conduit ne se sépare pas plus de sa religion
que de son armée ; voyez l'Angleterre, voyez la Russie, voyez
la Prusse, voyez la Suède, voyez le Danemark... demain vous
verrez la France, l'Autriche, l'Italie et l'Espagne !

Pouvons-nous donc continuer, chez nous, à entretenir, à
soutenir un clergé, l'ennemi déclaré de toutes nos institutions

modernes, qui veut, *et ne s'en cache pas*, nous ramener à l'ordre
de choses détruit en 1789, et qui y travaille d'ailleurs aujour-
d'hui ardemment, en vertu des décisions du dernier concile
œcuménique qui ont, non-seulement renversé comme à plaisir toutes les barrières mises par le Concordat aux empiétements de la papauté, mais sapé les bases de ce que nous
aimions à appeler les libertés de l'Église gallicane : les quatre
fameuses propositions de l'Assemblée du clergé français en
1682, inspirées par Bossuet, et entre autres l'article II qui dit :
« que l'Église gallicane approuve les décrets adoptés par le
« concile de Constance, dans les sessions IV et V, lesquelles
« déclarent les conciles œcuméniques *supérieurs au pape dans*
« *le spirituel?* » Et c'est précisément le clergé de France, ou
plutôt ses évêques qui, réunis à Rome en concile œcuménique,
avec les évêques des autres pays catholiques, sont revenus
sur cette déclaration de 1682, et enseignent et font enseigner
aujourd'hui par tous leurs prêtres, dans tous leurs couvents
et dans tous leurs séminaires, dans toutes leurs écoles de
frères et de sœurs, une doctrine ABSOLUMENT OPPOSÉE à celle
qu'ils ont *juré à l'État* d'y faire enseigner, savoir : « *que le pape*
« *est désormais supérieur aux conciles œcuméniques dans le spirituel !* »

Et qu'on ne vienne pas nous parler, *pour défigurer et passion-
ner la question*, des soi-disant persécutions que M. le prince de
Bismarck fait endurer au clergé catholique en Prusse ! M. le
prince de Bismarck n'est, en beaucoup de points, aux prises
qu'avec des difficultés qui étaient pour nous *celles d'hier ! ne
serait-ce que celle du mariage civil*.

Et puis c'est l'Autriche, la *catholique Autriche !* qui est au
moins autant que nous l'adversaire politique de la Prusse !...
qui a été mise en demeure, elle aussi, d'accepter le défi jeté
par Rome aux institutions du monde civilisé moderne..., et
elle y a répondu *par la rupture de son concordat !*... et c'est le
pape qui disait hier dans son encyclique aux cardinaux,
archevêques et évêques de l'empire d'Autriche, à propos des
lois confessionnelles présentées aux chambres : « Pour ce qui
« regarde ces lois que l'on fait précéder d'un exposé des mo-

« tifs, *elles sont, en vérité, de la même nature et du même carac-*
« *tère que les lois prussiennes, et elles préparent à l'Église catholique*
« *dans l'empire d'Autriche les mêmes malheurs, quoiqu'elles paraissent*
« *offrir, à première vue, une certaine modération quand on les com-*
« *pare aux lois prussiennes. . . . .*

. . . .

« Nous réprouvons d'autant plus cet outrage infligé à l'Église,
« que la cause et le prétexte *de la rupture du concordat*
« et des autres lois qui s'y rattachaient ont été insidieuse-
« ment appuyés sur la *définition des enseignements de la foi, pu-*
« *bliés et confirmés par le concile œcuménique du Vatican;* et l'on a
« appelé ces dogmes catholiques, d'une manière impie, *des*
« *nouveautés et des changements des articles de foi et de la constitu-*
« *tion de l'Église !* »

Et enfin, pour finir, *cet appel aux passions humaines et particu-*
lières : « Ce qui nous encourage, c'est la dévotion et la foi de
« notre fils bien-aimé dans le Christ, l'empereur et roi Fran-
« çois-Joseph, que nous avons instamment adjuré, *dans une*
« *nouvelle lettre de ce jour, de ne jamais tolérer que, dans son vaste*
« *empire, l'Église soit assujettie à un asservissement ignominieux,* et
« ses sujets catholiques aux plus grandes afflictions. »

Et, supposez qu'on pût joindre à cela l'action des confesseurs sur un
esprit qui serait faible....., ne serions-nous pas en présence d'un nou-
veau Charles Ier ou d'un nouveau Louis XVI?

Où allons-nous donc avec cet état de choses ?

Un évêque disait, sous l'Empire, au Sénat, qu'il faisait marcher ses prêtres comme un régiment ! L'État, dans la dépen-
dance duquel est l'évêque, comme le colonel, devra-t-il donc
écouter bouche béante de pareils discours, et ne pas relever,
en améliorant leur sort, ces quarante mille prêtres qui, dit-on,
tremblent en France à la voix de leurs évêques? N'y a-t-il pas
là tous les éléments de la réforme religieuse de l'avenir? *Et la*
première de toutes n'est-elle donc pas de *marier et de doter* ce
clergé, en présence des désordres sans nom *engendrés par des*
vœux monastiques impossibles à tenir, et que, d'ailleurs, notre cons-

titution de 1789 *ne reconnaît pas?* Le Christ, saint Paul et une
sage philosophie ne nous ont-ils pas appris que *Dieu ne veut
pas faire souffrir inutilement et mutiler sa créature?* (1).

Et puis cette mesure n'est-elle donc pas urgente dans un
pays où la population est stationnaire, et ne double que tous
les 183 ans, tandis que nous la voyons doubler en 50 et 60 ans
dans tous les pays où le clergé est marié? N'est-il donc pas
urgent pour la France, sous le rapport moral et physique, de
marier son clergé pour pouvoir recruter plus facilement son
armée, entourée, réduite et vaincue comme elle l'est par des
nations hostiles, envieuses et puissantes? Il ne faut pas oublier qu'en France, le France de 1789, le nombre des prêtres
est de quarante mille, et qu'il y a, en outre, quarante mille
moines ou frères, et *au moins* deux cent mille religieuses! Et
voilà cependant où nous en sommes avec les vœux monastiques, après 1789! Et comment veut-on donc qu'il ne règne pas
un grand désordre moral chez une nation qui se donne de
pareils *démentis moraux?* Et n'est-ce donc pas cet envahisse-
ment du catholicisme, cette recrudescence *non surveillée,* qui
nous a fait prendre fait et cause pour la Rome papale *et perdre
les bienfaits de l'alliance italienne?*

Est-ce donc le catholique M. de Broglie qui va résoudre ces
questions? Pas plus, sans doute, que M. Thiers, qui a déjà
planté un vaisseau français, l'*Orénoque,* à Civita-Vecchia,
pour reprendre bientôt la défense parlementaire et libérale
du principe catholique dans le monde! (2).

(1) *Le Siècle! l'aimable et spirituel Siècle!* le Moniteur des marchands de vin !
qui disait hier : « Que la violence de Luther et de Melanchton sont singulière-
« ment *parentes* de celle de Philippe II et de Catherine de Médicis (29 novem-
« bre 1874) » a bien voulu prendre la peine, dans le temps, de DÉNONCER CE
PASSAGE A QUI DE DROIT...., mais il en a été pour ses frais.... *l'aimable finaud!!*

(2) Aussi *les Débats,* le moniteur des gros et *des petits bourgeois,* des cuistres
et de l'Académie, veut-il bien nous dire, aujourd'hui, que M. de Bismarck
paraît ne pas vouloir supporter plus longtemps toutes les incartades de
l'évêque de Rome : « Mettre la main sur le Pape, c'est *aujourd'hui* une entre-
« prise contre laquelle les plus audacieux se heurteraient sans grand espoir
« de succès. » Et il nous indique que ce sont LES PUISSANCES qui s'en vont cette
fois *partir pour Mentana!* Et voilà l'état de la presse de l'Académie de l'uni-
versité et de la *grasse bourgeoisie,* EN FRANCE!!

Et si jamais le Sénat... *conservateur* rêvé en ce moment se réunit, il sera vraiment curieux de voir MM. Dufaure, Thiers, Guizot et Changarnier y traiter ces questions! Et dire cependant que le fougueux Pie IX disait dernièrement que ce qui est plus à craindre encore pour Rome que *les hérétiques...* c'ÉTAIENT LES LIBÉRAUX CATHOLIQUES!! Rome n'est *jamais* satisfaite... *pourquoi donc s'en occuper davantage??*

Et si l'Empire seul, fort de ses traditions de transaction et d'autorité nationale, peut penser à entamer, *d'accord avec le suffrage universel*, une réforme religieuse tous les jours *plus indispensable!* combien plus encore lui seul, *en nous rendant immédiatement le crédit*, nous permettrait de nous refaire, et de nous préparer pour un avenir qui ne peut tarder longtemps, chez un grand peuple QUI A ÉTÉ SURPRIS!! Et si l'on me disait que le propre d'une autorité trop concentrée est de se corrompre, je répondrais aussitôt que j'ai trouvé, quant à moi, la basse incapacité des libéraux égale, partout, à leur profonde immoralité!

M. Thiers ne disait-il pas lui-même à la Chambre, il y a quelques jours à peine, en parlant des travaux de défense à faire autour de Paris et à la frontière : « *L'Empire pourrait « risquer un milliard; vous, vous ne le pouvez pas!* »

Et, dans quelque sens qu'on les prenne, ces mots, après ce qui s'est passé, sont accablants pour l'opposition ou les oppositions, *car je ne fais aucune différence entre elles toutes!*

Si M. Thiers a voulu dire que l'Empire, avant la guerre, aurait pu faire cette dépense, il s'est condamné, car nous avons vu tous cet homme refuser des subsides à l'Empire, sous prétexte que le pays était *épuisé... comme lui, sans doute!*

S'il a voulu dire que l'Empire serait en état de faire cette dépense! ce qui est bien évident, vu le crédit qu'il apporterait immédiatement dans le pays! quel compliment au septennat, à la Chambre et à la République... conservatrice.

Mais oui, il n'est que trop vrai *qu'un gouvernement seul de longue haleine, établi sur la solide base du suffrage universel!* pourrait, non pas construire des murailles, mais nous encadrer de nouvelles troupes... car ce ne sont pas les murailles qui malheureusement nous ont fait défaut dans cette malheureuse guerre, MAIS LES HOMMES!! *Et le Septennat, lui, n'a pas même encore pu encadrer ses nouvelles levées!!*

Le maréchal de Mac-Mahon, duc de Magenta, a dû vite s'en apercevoir, lorsqu'aux premiers jours de son arrivée au pouvoir exécutif, il voulut donner de suite une SÉRIEUSE impulsion à tout ce qui regardait la reconstitution de notre matériel et de notre armée. On le voyait avec plaisir convoquer régulièrement et présider avec passion le conseil de la guerre! Il a dû voir s'évanouir vite son rêve! Il a dû voir qu'il ne pouvait rien, ou du moins fort peu de chose pour activer, précipiter l'organisation de nos forces nouvelles. *Il s'est vite noyé dans les commissions et les bureaux!!* Ah c'est qu'il faut une autorité *indiscutée* pour faire plier des bureaux et des commissions.., *et encore!* Et puis avec quelle puissance pourrait-on contracter une alliance, n'ayant devant soi *qu'un pouvoir de sept ans?*

Ah oui! son vieux cœur de soldat a dû saigner en lisant l'orgueilleux discours du général comte de Moltke, lorsqu'il disait : « Je rappellerai ici ce qu'a coûté à notre pays, après « une campagne malheureuse, la période de 1808 à 1812. Ce « fut une période de paix; *l'effectif de l'armée était faible, la durée* « *du service aussi courte qu'elle pouvait l'être*, et cependant l'em- « pereur Napoléon a pu se vanter d'avoir tiré de cette Prusse, « *alors pauvre et petite*, un milliard de thalers (environ trois milliards et demi de francs).

« *Nous fîmes des économies sur notre armée, parce qu'il le fallait* « *bien, et nous payâmes dix fois pour une armée étrangère ce que nous* « *coûtait la nôtre.* »

C'est en partie notre malheureuse histoire d'hier, et Dieu veuille que ce ne soit pas encore notre histoire de demain!!

Et nos prétendus hommes d'État feront bien d'essayer, si c'est possible, de méditer ces profondes paroles du comte de Moltke.

La première chose alors qui les frappera, si quelque chose

peut encore les frapper *en dehors d'un vulgaire et plat lieu commun sur la paix à tout prix, ou un pèlerinage à Lourdes, à la Salette ou à Paray-le-Monial!* ce sera de voir que la Prusse, elle, avait au moins une excuse pour faire des économies... *il le fallait bien* APRÈS IÉNA! lorsque son intelligent vainqueur lui avait imposé toutes les conditions qui devaient maintenir faibles la patrie et les vaillants soldats du grand Frédéric! Et la Prusse *paya donc dix fois plus pour une armée étrangère que pour ce que lui coûtait la sienne!*

Ils pourront voir ensuite, s'ils veulent et peuvent bien toutefois s'en donner la peine, entre deux nominations de préfet ou de maire, ou entre deux intrigues de gauche ou de droite, pour reconstituer une majorité de plus en plus chancelante!! que notre situation, malgré nos catastrophes, est bien meilleure que celle de la Prusse après Iéna, *de 1808 à 1812!* Car si la Prusse nous a pris cinq milliards et nous en a coûté autant, si elle a vidé nos arsenaux et nous a démantelés, *elle ne nous a pas imposé ces conditions de réduction de puissance militaire imposée à la Prusse par Napoléon!* Et il dépend donc de nous seuls de nous refaire le plus vite possible, non-seulement pour reparaître à l'heure propice sur ces champs de bataille *où nous avons été surpris!* mais encore pour nous mettre à l'abri d'une insulte!

C'est quand nous aurons trouvé quelqu'un pour lire ATTENTIVEMENT ce discours, que nous pourrons considérer l'avenir d'un cœur fort, *sinon léger.*

Le général comte de Moltke veut bien nous dire aussi que notre armée prisonnière (trois cent mille hommes!) forme aujourd'hui un excellent noyau pour les jeunes levées de la dernière campagne (huit cent mille hommes!). Il veut sans doute dire : pour encadrer les jeunes mobiles du général Chanzy, qui les trouvait déjà assez formés... *pour continuer la guerre!!* Mais à ces troupes, il faut *des vivres, des canons, des fusils, des habits, du matériel!* autre chose enfin que le schako-pelle, le sac-bouclier, le char hussite, le camp roulant, les forteresses mobiles et le feu grégeois!! Et c'est ici *surtout* qu'il faut tirer du discours du général comte de Moltke *toutes les leçons qu'il comporte!!*

.. On nous a dit à la Chambre que pour notre nouvelle armée il nous faudrait environ deux milliards *de matériel nouveau,* et sur ces deux milliards on a décidé de dépenser quatre cent vingt millions d'ici à 1876. *Est-ce donc vraiment assez?* Ainsi, cinq ans après la guerre, nous n'aurions donc *que le quart environ* du matériel nécessaire à notre nouvelle armée!! *Est-ce donc vraiment assez??* Et où voulons-nous donc aller dans cette voie? *A une revanche aussi mal inspirée et aussi mal conduite que la guerre de* 1870?? cette guerre que cependant aujourd'hui l'on proclame avoir été aussi *irrévocable, fatale* et *nécessaire* qu'elle avait été mal préparée à cause de l'opposition... ou mieux, DE L'OPPOSITION DE TOUT LE MONDE!! Et verrons-nous donc encore de petits hommes nous dire que tout ceci n'est QU'UNE FANTASMAGORIE!!

Eh bien, non, il ne faut pas qu'il en soit ainsi... *une seconde fois!* Il faut désormais penser à Waterloo et à Sedan, et tant pis pour nous si :

« SOUFFLETER L'AUTRE JOUE ÉTAIT DONC NÉCESSAIRE? »

Et qu'au moins ces soufflets reçus et *jamais rendus* nous réveillent... et même sous le septennat militaire du blessé de Sedan, qui nous parlait l'autre jour de RÉGÉNÉRATION? *et auquel un autre septennat militaire semble avoir répondu en Allemagne!*

Mais a-t-il, encore un coup, pour cela la force et l'autorité nécessaires? *Il a dû vite s'apercevoir du contraire!* Et, s'il aime son pays..... SA CONDUITE NE LUI EST-ELLE DONC PAS TOUTE TRACÉE??,

M. le prince de Bismarck faisait dire hier à la *Gazette de l'Allemagne du Nord* que la Prusse comprenait très-bien que nous nous occupassions des préparatifs de notre revanche, mais qu'elle ne comprenait pas pourquoi nous... FRANCE!!! nous mêlions cette idée à celle de plusieurs DOGMES : « l'im« maculée conception et l'infaillibilité papale sans doute, « et le grand Syllabus... PASSÉ DOGME DU MÊME COUP!!! »

Eh bien, messieurs de tous les centres, de toutes les droites et de toutes *les gauches*, de tous les journaux et *de toutes les boutiques*, puisque M. le prince de Bismarck, à l'inverse de Napoléon, *consent* à ce que nous préparions notre revanche... *pourquoi donc ne la préparons-nous pas* (1)?

Aujourd'hui, on a l'audace de nous proposer à la Chambre.. INTROUVABLE! de mettre sept et dix ans... *à partir de* 1876! à refaire notre matériel naval et territorial! Dix et cinq *déjà passés*, cela fera quinze ans depuis que l'Alsace et la Lorraine *ne seront plus France*!! Et vous pensez que le pays attendra jusque-là? Mais, pour Dieu! VOUS NE VOYEZ DONC PAS QUE VOUS ALLEZ PARTIR ENCORE SANS ÊTRE PRÊTS!!! Et puis si l'on vous insultait.. car on ne vous craint plus.. et *faut-il donc vraiment vous le redire?*.. vous n'êtes plus la France des beaux jours! *Préparez-vous, préparez-vous donc!!*

Ces deux milliards qui vous manquent, c'est un gouvernement définitif qui vous les donnera! C'est M. Thiers qui vous le dit!.... QUELLE AUTORITÉ.... *pour vous*!! M. le maréchal de France duc de Magenta a dû l'entendre! Eh quoi! après les quarante milliards offerts l'autre jour par la France... POUR PAYER L'ENNEMI! vous ne pouvez trouver deux milliards POUR REFAIRE LES FORCES DU PAYS??

Qui êtes-vous donc? Quoi! le pays chôme, dit-on, et vous ne savez pas lui donner immédiatement DEUX MILLIARDS DE TRAVAUX PRODUCTIFS... qui se traduiront *en habits, en souliers, en canons, en fusils, en cadres, en vaisseaux...* et non en murailles, *car nous en avons assez!!*

L'on nous a dit naguère : « Quand le bâtiment va, tout va! » Et si la France se radoube! *le bâtiment* n'ira-t-il donc pas

_____

(1) Et ne voyons-nous pas MM. Edgar Quinet et Victor Hugo enfler leur voix et nous y engager... eux-mêmes! (*La mode est donc changée!*) Et tandis que l'un daigne nous dire, à nous, FAIBLES MORTELS IGNORANTS : « J'entends « dire que l'amour de la paix, l'appel aux sentiments *humanitaires*, nous cou- « vriront désormais contre les Allemands. Détrompez-vous! » (Comme cela vient à point dans ces bouches *démocratiques et sociales!*) Victor Hugo s'é- crie... en demandant *la paix!* qu'il ne faut désormais chercher dans ses vers d'autre plaisir : « *que d'entrevoir le glaive et de le ressaisir!* » O profonde sa- gesse de L'AGE MUR!

bien aussi ??? *On dit : « La France n'a pas d'alliés. » Remplissez vos arsenaux et vous en aurez !!*

A Lyon, on avait *doublé les impôts*, et appelé cela : « *impôt de guerre !* » On les a remboursés. Pourquoi cela ? Reprenez cet argent aujourd'hui... jusqu'à concurrence de deux milliards, en doublant les plus fortes cotes ! et jetez immédiatement *sous forme de commandes* ces deux milliards à l'industrie, et VOUS VERREZ SI ELLE IRA !!

Mais non.., vous ne pouvez rien !... et c'est votre homme... M. THIERS ! celui auquel vous avez mis un bâillon parce que vous ne pouvez pas l'écouter sans l'admirer et le croire ! qui VOUS L'A DIT !!

La Prusse, elle, a déjà changé ses fusils, ses canons, et déjà reformé son trésor de guerre à Spandau. Pendant cinquante ans elle va rester L'ARME AU PIED... Moltke vous l'a dit ! et à Berlin, dans les géographies de l'académie militaire, le docteur Kirchloff, qui en est à sa *troisième édition*, enseigne que : « les limites naturelles de l'Allemagne sont tracées à « partir du Pas-de-Calais, par les collines qui bordent à « l'ouest le bassin de l'Escaut, se dirigent au sud-est jusqu'à « la Meuse, et accompagnent, sous le nom d'Argonne, la rive « gauche du fleuve jusqu'au plateau de Langres. De là, la « frontière se continue par les monts Faucilles jusqu'au bal- « lon d'Alsace et la chaîne des Vosges. Puis elle suit la ligne « de séparation des eaux du Rhône et du Rhin jusqu'à l'ex- « trémité nord-est du Jura, et enfin la crête du *Jura suisse*. »

Voulez-vous donc souscrire à ce que disait déjà la feuille militaire de Berlin en février 1870 : « *qu'il n'existe plus que deux* « *puissances militaires en Europe, la Prusse et la Russie, la France* « *ayant* ABDIQUÉ *en inaugurant le régime parlementaire.* »

Je ne sais si la France partage les mêmes sentiments........ JE NE LE CROIS PAS !!!

Et si le *Standard* disait bien hier : « La France a joué « l'Alsace et la Lorraine contre la rive gauche du Rhin, elle « a perdu la partie, *il est donc parfaitement juste qu'elle paye sa* « *mise !* » la France répondra que de pareilles parties se

REJOUENT, et que si la patrie du grand Frédéric est revenue de Kollin et d'Iéna, nous reviendrons bien, nous, FRANCE!!! de Waterloo et de Sedan, *jusqu'à Bruxelles et à Mayence!*

Qui nous donnera des chefs, des hommes d'État, pour entrevoir ces nouveaux horizons? La France est-elle donc désormais condamnée sans retour?? Ah! *je le sais,* on nous a dit : Elle a trop abusé de la gloire!... Mais, mon Dieu! ne l'at-elle donc pas assez expiée, cette gloire, par cette triste exhibition *de paillasses parlementaires et républicains, qu'elle a été condamnée à étaler devant le monde ahuri!... à la place de ce qu'elle lui montrait naguère?*

Et tandis que nous voyons M. Jules Favre écrire à M. Gambetta : « S'il plaisait au peuple de se donner à l'homme de « Sedan, nous n'aurions qu'un droit, *celui d'abandonner pour « jamais un pays aussi lâche!* » celui-ci nous dit, dans la *République française* d'hier : « POUR LA FRANCE, M. THIERS EST AU FAITE! » Est-ce donc là vraiment ce que M. Gambetta entendait en province par: « *la revanche la plus absolue?* (1) »

Et voilà donc ce que c'est aujourd'hui que la République en France! Elle veut bien faire litière de tous ses principes aux pieds *de ce petit homme,* tout fier d'avoir mis son nom à côté de celui de M. le prince de Bismarck sur un traité de paix! *de ce petit homme* qui va rentrer demain, *narquois,* dans son hôtel qui a grandi de deux étages, tandis que la France perdait deux provinces!! *de ce petit homme* contempteur vil de toutes les héroïques traditions de la France!!!

Et la République tartufe affecte une patriotique horreur pour l'empereur *de Magenta et de Solférino!!*

La République! Mais n'y a-t-il donc plus que les pauvres dupes encore de ces gens-là qui ne savent pas qu'elle est morte en 1848??

Vous parlez de l'effet que vous produit l'empereur! Je vou-

---

(1) Mais il est vrai qu'il dit maintenant, dans la *République française* d'hier « *Non, ce n'est pas le sentiment de la revanche qui nous délie aujourd'hui la » langue, c'est plutôt celui de l'effroi.* »

drais savoir l'effet que vous produiriez, vous..... A ARMAND CARREL ??

La République ! mais ce n'est plus que le rêve réalisé de la plus basse bourgeoisie : M. THIERS EST AU FAITE ! !

La République ! mais c'est l'orléanisme..... C'EST LOUIS-PHILIPPE II ! ! ou bien c'est : « *l'entrée en liberté de la matière* ! » LE RADICALISME ! la caronade lâchée dans l'entrepont..... Mais ce n'est pas alors M. Victor Hugo qui nous sauve tous, *et lui-même*, en plantant une barre de fer pour l'arrêter..... C'EST L'EMPEREUR ! ! !

Nous verrons bien un jour *ce qu'en pense* M. le maréchal de Mac-Mahon DUC DE MAGENTA ???......! !

Oui, la France vivra d'une vie digne de son passé ! un noble souffle de victoire enflera encore ses drapeaux ! et malgré tous ces vieux parlementaires, que la mort bientôt va rappeler, et qui n'ont pour la patrie et ses destinées que les décourageantes paroles d'une morne vieillesse, elle entrevoit un avenir jeune, riant et héroïque !

Elle juge *ces prétendus hommes d'État* qui poussaient, qui excitaient l'Empire à commettre toutes les fautes qui l'ont perdu et *qui nous ont perdus avec lui !*

Elle voit que ces ménagements qu'on a eus *pour la papauté et pour l'ennemi* ont été de *déplorables erreurs !*... Et elle voit que, tandis que la papauté couronne et tue, du même coup, le catholicisme, en se déclarant infaillible, l'ennemi tient les clefs de notre frontière !

Elle saisit le lien qui unit nos fautes morales et nos fautes politiques ! !

Elle commence à sentir qu'il y a autre chose à faire dans une situation pareille qu'à nous entre-déchirer !

Elle reporte son esprit vers le petit-fils de Napoléon ! ce nom qui représente toujours pour elle : la transaction, l'accord, la gloire et la prospérité ! ! !

Elle se dit que ce jeune prince, cet héritier des Napoléons, nous rendra immédiatement notre situation en Europe, et..... ce qui nous manquera toujours avec la République et la royauté..... *des alliances !*

Et qui donc en effet, mieux que le nouvel Empire, serait en passe de renouer l'entente entre la France et l'Italie, et aussi, *comme nous l'avons vu.... l'Autriche ?* L'Empire *heureusement* ne se fait point solidaire du sort qu'a éprouvé la convention de septembre ; SES JOURNAUX LES PLUS DÉVOUÉS AIMENT A NOUS LE RÉPÉTER, et ils abandonnent cette gloire au *Soleil,* qui nous dit, ce que l'*Union, la Gazette de France* et le *Français* ne désavoueraient pas, à coup sûr : « qu'il se « pourrait, si la monarchie était restaurée en France, *qu'elle* « *eût avec le gouvernement italien des relations assez difficiles.*

« Celui-ci sait très-bien *qu'il a occupé Rome contrairement à la* « *lettre et à l'esprit des traités.*

« Il n'ignore pas que le jour où l'on aura *la force et la vo-* « *lonté,* on pourra soulever un *incident diplomatique parfaitement* « *fondé.* (1)

« *L'Italie n'avait pas plus le droit d'occuper Rome que la France* « *celui d'occuper Genève ou la Belgique.* » (Il n'y a que la Prusse qui ait le droit d'occuper quelque chose !)

Mais c'est le *Times* qui place la question sur son vrai terrain :

« L'alliance prusso-italienne est le résultat *des oscillations* « *inexplicables des derniers jours de l'Empire.* Cette alliance doit « être purement politique et naturellement temporaire, car « elle n'a pour appui *ni le caractère national, ni les mœurs, ni les* « *intérêts de l'Italie.*

« *La France peut retrouver les Italiens tels qu'ils étaient le lende-* « *main de la bataille de Solférino. Si rien n'eût modifié les anciennes* « *aspirations,* ni le roi d'Italie ni une grande partie de la nation « n'auraient refusé de faire *cause commune avec la France, même* « *pour une lutte non justifiée. (Ne pas oublier que ce sont les auteurs* « *des traités de 1815 qui parlent!)* L'ENTENTE DES DEUX PAYS

---

(1) Et aujourd'hui, toutes les presses françaises semblent gémir à *l'unisson* sur le malheureux sort de Pie IX, *sujet de Victor-Emmanuel* (que diable voulait-on donc qu'il fût?). Et nous allons peut-être PARTIR EN GUERRE pour le remettre en possession infaillible de lui-même et de ses encycliques!! Et ce sera là... la revanche de la France du XIXme siècle et le *mea culpa* de 80 ans de révolutions!... Nous allons regretter.... DAGOBERT!!!

« LEUR DONNERA LES MOYENS DE DONNER A L'EUROPE UNE
« NOUVELLE SITUATION. »

Elle se dit que ce jeune prince, cet héritier des Napoléons qui a été jeté par nos discordes sur le rivage de la libre Angleterre, y a dû, sans doute, apprendre quelque chose à l'école du malheur!

Il aura compris que ce grand peuple a placé à la base de sa grandeur nouvelle, après les horribles tourmentes de sa Révolution, une grande réforme religieuse!

Il voit que la plus grande impulsion de la puissance anglaise dans le monde date du moment où elle a su définitivement briser le lien qui l'enchaînait, elle aussi, *aux destinées de la Rome papale!!* Et c'est à cette œuvre que s'est prêtée cette illustre race des princes de la maison d'Orange dont la descendante, aujourd'hui reine d'Angleterre et impératrice des Grandes-Indes, lui a fait, ainsi qu'à sa famille exilée, un si impérial et si cordial accueil!!

Il comprendra que ce Concordat, cet accord qu'avait essayé de faire son grand aïeul avec la Rome papale..., *c'est Rome. elle-même qui l'a brisé* en proclamant infaillibles les doctrines du Syllabus! ce qui ne laisse absolument rien subsister de cette déclaration que faisait aux Chambres le garde des sceaux de l'empereur, son père, avant la réunion du concile œcuménique :

« Nous avons deux règles de conduite dans nos rapports
« avec l'Eglise :

« D'abord le Concordat, qui, en définitive, est la loi de
« l'Eglise comme la nôtre, et les articles organiques que je
« mets sur le même pied;

« Nous avons ensuite cette règle générale et supérieure :
« les principes de 1789, c'est-à-dire les principes de la liberté
« religieuse, de la liberté absolue de conscience, la tolérance
« la plus entière sur tout ce qui touche à ces questions. »

Tout cela est brisé aujourd'hui par la papauté, qui, *entourée*
« *des pères de l'Église,* a dit, en parlant de toutes ces libertés
de 1789, évoquées ici par le garde des sceaux de l'Empire

français : « Que celui qui y adhère soit anathème ! » (*anathema*, c'est-à-dire : *dévoué aux divinités infernales!*)

Or, à moins de prendre cet ANATHÈME pour une indigne farce, ce que nous ne voulons pas faire ici, par un dernier respect humain ! n'est-il pas évident pour tout homme sérieux, honorable et sincère, QUE LE CONCORDAT EST ROMPU ??

Et ne pas vouloir considérer une chose ne suffit pas pour la supprimer. L'autruche seule supprime le chasseur en cachant sa tête.

La question d'ailleurs, comme celle de l'Empire, devra venir devant le suffrage universel (elle y est déjà en Suisse !) et c'est lui qui l'y portera... ne comptant point sans doute, comme la légitimité, aller restaurer le pape à Rome. Une assemblée du BAS clergé français ne devra-t-elle pas affirmer en les amendant les propositions de 1682, anéanties par le concile œcuménique, et bases du Concordat ?

L'Empire ne prend-il pas son mot d'ordre de la nation française et des principes de 1789 *seuls :* « Vox populi, vox Dei ? » Aussi n'est-ce pas à l'Empire seul, qui aura assez de pouvoir et d'autorité pour le faire, qu'incombera cette grande et grave mesure morale de doter la France *d'une Église nationale comme lui??*

Les Napoléons n'ont pas seulement apporté à la France la grandeur et la prospérité. Ils lui ont apporté plus encore ! ils lui ont apporté, ce dont elle a surtout besoin aujourd'hui plus que jamais, sans doute : L'ESPRIT DE TRANSACTION !

Ils ont su tirer des éléments donnés le rapprochement des classes. Aujourd'hui l'Empire, pour ramener à lui et à la vérité nationale ces masses qui s'en éloignent à la voix de quelques misérables sycophantes, n'aura qu'à rentrer le premier luimême dans cette vérité nationale.

Et notre droit national ne s'est pas arrêté aux libertés qu'a énumérées le garde des sceaux de l'Empire français : le 18 octobre 1789, *l'Assemblée nationale suspendait les vœux monastiques; le 12 février elle les prohibait!* ! Et notre Assemblée nationale se mettait ainsi à la hauteur des idées morales qui avaient eu la réforme pour drapeau!! Et que nous servirait donc de parler sans cesse des principes de 1789, en ne les appliquant *jamais*?? N'est-ce donc pas ainsi qu'une nation en arrive à *une déconsidération et à une immoralité des plus profonde?*

Revenons-en donc à ces principes immortels qui sont ceux du genre humain tout entier... et que notre gloire est d'avoir proclamés à la suite du grand mouvement philosophique du XVIII° siècle, qui succédait au mouvement religieux et philosophique de la Réforme!!

Une grande, une immense question domine ici, *ne nous lassons point de le répéter, et la moralité, et la pureté de la race en dépend!* ainsi que nous ne le démontrent que trop les abominables, les infâmes affaires dont retentissent tous les jours les cours d'assises, et dont nous, *société tout entière,* NOUS SOMMES RESPONSABLES! « C'EST LE MARIAGE DU CLERGÉ! »

Cette mesure, que nos pères de 89, que la civilisation, que l'honneur réclame, ramènera au pied des autels les foules que la superstition, le mensonge, la fraude et le vice en éloignent. Elle sera le gage de la transaction pour les honnêtes gens qui veulent transiger, et qui ne mettent pas *au-dessus de tout* les satisfactions de leur vanité, de leur sottise ou de leurs vices! Oui, ce sera un noble gage que celui qui rendra aux saines pratiques des lois de la nature les derniers serfs *politiques, infaillibles et immoraux* de la Rome papale!!

La reine d'Angleterre, impératrice des Grandes-Indes, l'empereur de Russie (1), l'empereur d'Allemagne, sont chefs d'un gouvernement et d'une Église nationale. N'est-il donc pas temps que l'empereur de France soit aussi chef *d'un gouvernement et d'une Église nationale??*

Les décrets du dernier concile œcuménique, en brisant le Concordat, n'ont-ils donc pas rendu nécessaire, urgente cette grave décision?

(1) Lorsque l'empereur de Russie, cet homme éclairé qui a émancipé les serfs de son vaste empire, voulut faire instruire la jeune princesse de Danemark, qui épousait le czarewitch, *dans la religion grecque,* il choisit un jeune et illustre évêque marié qui faisait partie *du clergé blanc,* le clergé marié de Russie.

Il faut se hâter de rentrer dans le droit de 1789, puisque Rome en est A JAMAIS sortie! l'organiser *définitivement*.

Qui, mieux qu'un Napoléon-Bonaparte, peut prétendre à cette noble tâche, qui devra clore l'ère de nos discordes? et ce ne sera pas trop que cet ébranlement donné aux imaginations, pour détruire l'effet de nos malheureuses erreurs morales et politiques passées, qui ne sont encore, *heureusement pour notre gloire*, que celles d'une générosité poussée jusqu'à l'oubli de soi-même... ce qui, au reste, est le propre de la vraie générosité!!

D'Alembert écrivait un jour à Voltaire : « Le plus beau « jour de ma vie sera celui où le catholicisme rappellera les « protestants, mariera son clergé et supprimera la confes- « sion... » N'est-ce pas là tout le programme de 1789? *un admirable programme*, s'inspirant aussi, dans l'ordre moral et religieux, des nobles sentiments de notre jeune empereur : « UNE GRANDE RELIGION NATIONALE, SANS VAINQUEURS NI « VAINCUS, S'ÉLEVANT AU-DESSUS DE TOUTES POUR LES « RÉCONCILIER! »

Vingt ans, c'est l'âge de Marceau! de Hoche! de Desaix! de Bonaparte! de tout ce que notre révolution a connu de généreux, de noble et de brave! de tous ces hommes qui ont jeté une gloire immortelle sur ce 1789 que Rome aujourd'hui, la Rome *de l'Inquisition, de la Saint-Barthélemy et des dragonnades!* USURPE le droit de juger et de maudire!!

Espérons donc tout de ce jeune homme de vingt ans qui vit dans la contemplation de la gloire de ses aïeux! et qui brûle, sans doute, de la plus noble ardeur de les égaler, de les surpasser peut-être!

Eh bien, si, fidèle à l'esprit de son père, qui, plein des sentiments de 89 et de ceux de sa race, délivrait hier l'Italie! *il accomplit à son tour cette loi de 89, cette loi éternelle!* ne peut-il pas croire que le Christ lui dirait aussi : « FAIS CELA ET TU VIVRAS!! »

MARCUS ALLART.

16 avril 1874.

La Revanche, 11, boulevard de Saint-Cloud, à Rueil (Seine-et-Oise).

Je crois de *mon devoir* de finir (malheureusement, COMME TOUJOURS !) cet opuscule, en relevant ce fait que je trouve dans les journaux. Et c'est ici la société issue de 1789, *et moi-même*, que je rends responsables, bien plus que ce malheureux et infortuné prêtre, vivant dans LA SOLITUDE, L'ASCÉTISME ET LA PRIVATION *de toute expansion naturelle et légitime de ses passions.*

Depuis quelque temps, dit l'*Alliance républicaine* de Saône-et-Loire, des rumeurs étranges circulaient sur la conduite du curé de la commune de Malay ; on racontait en secret toute une série de faits révoltants dont auraient été victimes des enfants que le prêtre attirait chez lui, sous prétexte de les préparer à la première communion. Nous avons indiqué ces rumeurs dans une note insérée dans un de nos précédents numéros. Aujourd'hui le scandale a éclaté au grand jour, et l'opinion publique, justement émue et indignée, a reçu un commencement de satisfaction.

« Vendredi, 3 avril, M. le procureur de la République et M. le juge d'instruction de Mâcon, escortés des gendarmes de Cluny et de Saint-Gengoux, sont arrivés dans l'après-midi à Malay. Après un long interrogatoire d'un certain nombre d'enfants et du curé, un mandat d'arrêt a été délivré contre ce prêtre, qui a été immédiatement mis en état d'arrestation et conduit sous l'escorte de la gendarmerie à la prison de Cluny d'abord, puis à la prison de Mâcon, où il a été écroué. »

Ce prêtre vient d'être condamné à douze années de travaux forcés !

Au moment d'offrir au public, que j'ai trouvé beaucoup trop indulgent, un second tirage de mon petit *opuscule...* sorti, assure-t-on, d'un cerveau qui complète la triade chère à Pierre Leroux, de *Berton, Gagne* et *Marcus Allart* !!! j'ai voulu, *toujours comme Memnon,* risquer de mettre encore imprudemment ma pauvre tête à la fenêtre, et oser venir encore dire au bon public, *aimable et encourageant,* ce que je pense de tout ce qui se passe !

J'entends *le bon public* qui me paraît en avoir décidément assez des petits théâtres crapuleux (graveleux serait bien fade !), *voire même des pêches à quinze sous !* et qui, *en ce moment,* ose sé préoccuper encore, sans trop craindre un par trop cuisant ridicule... des destinées de ce qui sans doute restera quelque temps encore, QUOI QU'ON FASSE, ce qu'on aimait tant jadis à appeler : LA FRANCE!!!

A mon sens, le désordre *moral et politique* que j'ai essayé de signaler ne va qu'en augmentant. En effet, tandis que le jeune prince, héritier de Napoléon III, nous disait naguère en parlant du suffrage universel : « Le plébiscite, c'est le salut et « c'est le droit, la force rendue au pouvoir et l'ère des longues « prospérités rouverte au pays! » ne venons-nous pas de voir *le pape infaillible* s'écrier en bénissant, disait-il, *ceux qui goùver-* *nent notre illustre nation :* « Je les bénis (permettez-moi de le « dire) dans le but de les voir s'occuper de la tâche difficile « DE SUPPRIMER, si c'est possible, ou tout au moins d'atté- « nuer UNE PLAIE HORRIBLE qui afflige la société humaine « et qu'on appelle LE SUFFRAGE UNIVERSEL!

« Oui, *c'est la plaie destructive de l'ordre social,* et qui méri- « terait à juste titre d'être appelée LE MENSONGE UNIVER- « SEL. »

Voilà donc où nous en sommes! Mais ce n'est point encore assez! Et hier, tandis que la flotte française saluait de ses salves le drapeau tricolore italien, frère de celui de la France!... le drapeau tricolore qui flottait à côté du nôtre en Crimée et à Solférino! et célébrait ainsi l'anniversaire du STATUT ou de la constitution italienne, le pape s'écriait encore, impatienté, nous dit-on, *par tout ce vain bruit :*

« Ils célèbrent bruyamment la fête de leur statut; *mais cela* « *ne l'empêchera pas de périr comme tant d'autres!* »

Et c'était là une menace au *roi élu* de l'Italie, comme sa malédiction du suffrage universel était une malédiction de *l'empereur élu* de la France!!

Où allons-nous donc dans cette voie? Pourrons-nous donc toujours marcher d'accord.... ou mieux, *feindre toujours de*

marcher d'accord avec une religion qui maudit toutes nos institu-
tions?? N'est-ce pas trop..... *habile??* Et n'est-ce donc pas ici
la religion qui prend les allures d'un gouvernement factieux
et révolutionnaire??

Mais ce n'est *malheureusement* pas tout, et voici encore un
fait, un *malheureux fait*, qui découle de la *malheureuse discipline*
que Rome impose encore, par ambition, à ses prêtres infor-
tunés..... MALGRÉ LES LOIS DE 1789 :

« Un grand scandale vient de se produire dans la Charente-
Inférieure. Voici ce que dit l'*Avenir de la Vendée :*

« Le curé de Tangon-la-Ronde, dans le canton de Courçon-
d'Aunis, a été arrêté mercredi soir et conduit à la prison de
La Rochelle.

« Nous n'entrerons pas dans le détail des faits odieux qui
sont reprochés à ce prêtre indigne : nous dirons seulement
que ses victimes, au nombre de dix-sept, sont de pauvres
petites filles de dix à douze ans.

« Jusqu'où peut donc aller la perversité chez certains
êtres ?

« Et c'est ce curé de Tangon, si nous ne nous trompons
pas, qui était, il y a quelques mois encore, l'un des plus fougueux organisateurs de pèlerinages. Il avait remué ciel et
terre et était parvenu à découvrir dans sa commune même
nous ne savons quel fétiche miraculeux devant lequel on allait
de vingt lieues à la ronde se prosterner. On y allait par deux
ou trois mille à la fois, croix et bannière en tête.

« Le curé de Tangon avait même écrit à ce propos une
brochure enthousiaste qu'il proposa d'éditer à un imprimeur
du département de la Vendée. »

Qu'ajouter à tout cela? N'est-il donc pas temps de s'occuper
d'une *réforme religieuse* qui viendra ENFIN équilibrer nos *ré-*
formes politiques? Et de savoir *enfin* appliquer cet article de
notre constitution de 1789 : « La qualité de citoyen français
« se perd :

« Par l'affiliation à toute *corporation étrangère... qui exigerait*
« *des vœux religieux.* »

Quand donc saurons-nous secouer le joug abrutissant et imbécile de la superstition romaine, comme ont su le secouer l'Angleterre, l'Amérique, la Russie, la Prusse, la Suède, le Danemark, la Hollande, et comme sont en train de le secouer l'*Autriche et la Suisse*???

Et n'est-ce donc pas à l'élu du suffrage universel qu'incombera cette noble tâche, qui devra clore pour longtemps nos révolutions sans cesse renaissantes ?

La république, elle, nous le savons, ne veut rien et ne croit à rien. Elle se targue de descendre des gorilles, et se montre en effet aussi laide, aussi bête et aussi corrompue qu'eux.

Quant à la monarchie, l'*Union* voulait bien prendre la peine de nous dire hier que *saint Louis et Louis XIV* étaient DES ROIS RÉFORMATEURS !!! Réformateurs sans doute comme Lizarraga, ce général de Charles VII d'Espagne, qui fait percer d'un fer rouge la langue des blasphémateurs ; comme son curé Santa-Cruz, qui faisait fusiller les femmes!!!

D'un autre côté, le désordre politique est toujours à la hauteur du désordre moral.

Il n'y a qu'à lire les élucubrations de M. Gambetta pour s'en rendre compte! Il semble avoir voulu rajeunir les gros mots de M. Victor Hugo. Il est venu nous dire *lourdement* que l'empereur était un bandit, pour avoir mis fin *par la force* à une république issue, elle aussi, du coup de force de février 48, qui n'avait jamais été sanctionnée, que je sache, par un autre vote populaire que celui qui donnait à Napoléon, *président de la République :* CINQ MILLIONS TROIS CENT MILLE SUFFRAGES!

Et n'est-il donc pas profondément ridicule de voir sans cesse parler du suffrage universel des gens qui s'en vont beuglant que la République est enfin proclamée..... A LA MINORITÉ DES VOIX! (*ce qui ne s'était pas encore vu!*) par une Chambre à laquelle, jusqu'à ce jour, ils avaient refusé LA FACULTÉ CONSTITUANTE!!

Quel profond désordre dans toutes les idées ! et l'on veut cependant, non pas comparer seulement CE VOTE RIDICULE aux *quatre votes* qui ont *quatre fois* salué, en moyenne, l'Empire de sept millions de suffrages, mais encore le proclamer SEUL VALABLE aux yeux du pays.... ÉMERVEILLÉ !! Qu'il réponde donc : PLÉBISCITE et RÉFORMES !! Nommons d'abord l'Empire, ce qui nous donnera une base et la solidité, et ensuite une Chambre qui devra savoir, elle, *demander et voter les* RÉFORMES !!

Et à ce malheureux pays désormais sans politique et sans frontières, on ose venir parler de ce chimérique « chef d'État, « qui poursuivait à travers l'Europe, *à travers le jeu de tous les* « *partis*, je ne sais quels arrangements de *prédominance* et de « *réparation !!* »

Et ces mots ne vous ont pas saisi à la gorge : PRÉDOMINANCE ET RÉPARATION !! Ah non ! vous, ce n'est pas cela que vous rêvez pour la France..... *à travers le jeu de tous les partis* ! Vous, vous avez déshonoré l'idée républicaine, vous lui avez enlevé toute sa monstrueuse fierté première, elle est retombée avec vous dans le ruisseau, dont peut-être elle n'aurait jamais dû sortir, si de ces brumes ne s'était dégagé un homme dont le nom planera à jamais sur les âges : NAPOLÉON-BONAPARTE !!

Oh non ! certes, on ne vous accusera jamais de penser pour votre pays à la *prédominance*, ou même.... à DES RÉPARATIONS !!! Oh! non!! Vous avez des visées plus hautes ! Vous vous adressez à des sentiments plus fiers.... VOTRE POLITIQUE !!... mais c'est celle des d'Orléans !! et il semble vraiment, en y regardant de près, que *c'est leur lit que vous voulez faire* ??

Hier, vous promettiez à la Belgique un repos éternel !..... *vous le promettrez demain à l'Alsace et à la Lorraine, comme vous l'avez promis depuis longtemps à Mayence et à Cologne !!* Oui, votre politique, elle consiste à flatter ce que vous pensez être les plus vils instincts de la bourgeoisie besoigneuse, banquière, boursicotière et boutiquière ! Votre République, ce n'est plus celle d'Isnard, de Bonaparte ou d'Armand Carrel, c'est celle de ce *famélique* Proudhon, ou de Courbet, son digne apôtre !! Eh bien ! prenez garde... *Tous les fils de la bourgeoisie aujour-*

d'hui sont soldats! ! Au camp, ils vont apprendre *de nobles choses!* Ils vont entrevoir *de nobles souvenirs! de nobles regrets ! !* Ils vont apprendre à aimer.... *autre chose que le gain sordide et bas!* Ils vont apprendre à aimer, à respecter un noble drapeau.... le drapeau tricolore *de la France!* le drapeau, naguère, de la victoire et de la délivrance!! ILS VONT APPRENDRE A SAVOIR MOURIR POUR LUI ! ! Et ils vous ménagent sans doute, cela doit être le dernier et le plus ferme espoir de la patrie, DE BIEN TERRIBLES MÉCOMPTES !!! Ils sauront vous dire un jour ce que disait l'Angleterre vaincue par Napoléon en 1806 : « C'est maintenant que le conflit réel commence le *bellum ad* « *interneciqnem. La guerre est maintenant au pied de nos murailles* « (et l'on se rappelle ici les paroles de Napoléon qui s'écriait : « Si j'étais mon PETIT-FILS, *je rétablirais ma fortune du pied des* « *Pyrénées !* » Son PETIT-FILS, nous le connaissons.... RESTERA-T-IL DONC TOUJOURS A WOOLWICH?) ; — nos ressources nationales sont à la hauteur du danger de notre situation — *si vous n'êtes pas au-dessous de notre courage national!*

Le général Manabrea, qui avertissait hier son pays du terrible orage qui se prépare en Russie, en Prusse, en Autriche et aussi en Angleterre ! lui disait, en parlant de ce congrès qui va se réunir à Bruxelles, (1) que c'était *comme un rendez-vous de témoins,* POUR RÉGLER LES CONDITIONS DE CE DUEL IMMENSE ! ! Et en finissant son discours, il adjurait l'Italie de penser à son salut et à son *existence comme nation!*

Et c'est lorsque l'Europe autour de nous, forte de la faiblesse de ce soldat surpris et terrassé qu'on appelle : *la France!* RENAIT PARTOUT A L'AMBITION ! que vous rêvez pour elle je ne sais quelle platitude éthérée et tranquille, quelle satisfaction béate et basse.... *dans une honteuse défaite !* Avez-vous donc pu jamais penser que la France allait mesurer son honneur au vôtre, et proclamer, *comme vos amis, que vous laissez dire,* QUE VOUS ÊTES LE GRAND CITOYEN QUI AVEZ SAUVÉ SON HONNEUR NATIONAL !........ Non, non, nous sommes des

(1) Aujourd'hui à Saint-Pétersbourg... et l'Angleterre *refuse d'y siéger.*

vaincus ! et nous le sommes bien malheureusement, *tout autant les uns que les autres ! !*

« Rendez-nous l'Alsace et la Lorraine ! » osez-vous dire à l'Empire.... qu'il fallait au moins laisser traiter, si vous vouliez qu'il eût la responsabilité toute entière ! Et cependant vous savez bien, d'ailleurs, qu'on peut lire dans les procès-verbaux des séances du prétendu gouvernement de la Défense nationale que M. Thiers, au pont de Sèvres, disait que les conditions de M. de Bismarck étaient, *avec un armistice de vingt-cinq jours, sans ravitaillement :* « maintenant la cessation » de l'Alsace avec trois milliards d'indemnité ; *après la* » *prise de Paris,* la cession de l'Alsace *et de la Lorraine,* avec » *cinq milliards* d'indemnité. » Qu'aurait donc demandé M. de Bismarck *le lendemain de Sedan ?.... avant la chute de Strasbourg et de Metz ! !* Ne vous l'êtes-vous donc jamais demandé ? ?

Ah ! le tribunal de l'histoire sera bien sévère pour vous ! Il montrera ce que c'est que de se mettre, sans scrupule aucun, et sans capacité aucune, *à la suite de la foule,* qu'on excite, pour lui servir de bas instrument..... comptant toujours sur l'effet d'un gros mot, d'une ignoble ou d'une infâme injure, pour s'en tirer auprès d'elle !

Est-ce donc là vraiment ce que vous appelez la République d'Athènes ? ?

La Revanche, 18 JUIN 1874 !

Un retard me permet de saluer ici la mort de l'héroïque maréchal Concha ! qui s'écriait hier, en se sentant percé de deux balles dans la poitrine : « *Je tombe à l'avant-garde !* »

Cette mort doit nous faire faire un triste retour sur nous-mêmes, en présence de la déplorable *obstination* des blancs et des bleus qui ne sauront pas plus *transiger* aussi chez nous... *on ne le pressent que trop !* QU'AUX PLUS MAUVAIS JOURS DE NOTRE HISTOIRE ! ! Où allons-nous donc ? ? ?

Eh bien ! quel que soit notre sort de demain, que l'avenir

appartienne à celui qui, FIDÈLE A L'HONNEUR ! dira comme Concha à ses soldats avant de mourir :

« Soldats !

« Le chef de l'armée ennemie vient de publier une proclamation dans laquelle il annonce que désormais la guerre se fera sans quartier. Les derniers jours d'une cause perdue se distinguent généralement par des cruautés.

« Nous ne suivrons pas, nous, un exemple aussi odieux : notre mission est de vaincre et non d'assassiner.

« J'attends de vous, lorsque nous entrerons à Estella, où notre formidable artillerie va porter la destruction, que vous ne démentiez pas un instant l'esprit chevaleresque du soldat castillan en présence d'un ennemi vaincu, et à l'égard des habitants d'une ville qui est, après tout, une ville espagnole.

« C'est ainsi que vous répondrez dignement à ce cri de rage que pousse l'ennemi impuissant, et que vous saurez mériter l'estime de tous les hommes d'honneur et de votre général en chef. »

« La proclamation de Dorregaray, à laquelle Concha fait « allusion, a été adressée par ce chef aux volontaires en date « du 16 juin. Le point principal de la proclamation de Dorre- « garay est, comme le mentionne le maréchal Concha, l'ordre « de faire la guerre sans quartier. »

Dorregaray est le général de CHARLES VII !!!!! QUE DIEU NOUS ÉCLAIRE ! ET NOUS DÉLIVRE DE LA MONARCHIE... TEMPÉRÉE... PAR LE DRAPEAU BLANC, LE PAPE-ROI INFAILLIBLE ! L'IMMACULÉE CONCEPTION, ET ENFIN............ LE GRAND SYLLABUS !!!

Aujourd'hui, *grâce à un nouveau pronunciamento !* c'est le petit fils de Ferdinand VII qui essaie *de gouverner...* je ne veux vraiment pas dire : DE TROMPER ENCORE LA MALHEUREUSE ESPAGNE !! *Car il est si enfant ! ! !*

Et déjà le nonce du pape (je ne sais si c'est celui que

M. Gambetta trouvait si libéral à Tours !) s'achemine vers cet infortuné pays ! !

Et M. Canovas del Castillo, entrant au cœur de la question, nous dit ; « Les Espagnols qui ne sont pas catholiques, NE « SONT RIEN DU TOUT ; *et nous n'avons pas à nous occuper d'eux !* »

Et vos journaux *académiques* et *universitaires,* ces prodiges de la libre pensée sans *contre-poids* et sans *mesure.....* *que la sage combinaison d'une ignoble et basse ambition personnelle qui ramène* TOUT A SOI-MÊME.... et qui nous a valu *cette nuée de vieux politiques et de vieux journalistes* INDUSTRIELS ! ! *réclament et font les renchéris,* MAIS QUE VEULENT DONC CES GENS-LA ? ? TOUT...... excepté *la grandeur de l'État et sa réforme* ! ! ! L'un d'eux ne nous disait-il pas hier (et il va sans doute *pour cela,* siéger demain à l'académie de RICHELIEU ! *et voilà cependant ce qu'en ont fait les bourgeois ! !*), que l'Angleterre n'avait, *après tout,* qu'une RELIGION TERRITORIALE ! et l'on nous conte cela à nous Français... après L'INFAILLIBILITÉ et LE SYLLABUS !... nous qui n'avons plus *ni territoire, ni gouvernement, ni religion* ! ! !

Et un autre *académicien* qui parlait hier des chants héroïques d'un jeune soldat... se croyait obligé de *ravaler* A CE PROPOS BÉRANGER ! ! Et il osait nous dire... CE QUI EST UN MENSONGE ! ! ! (j'aime peu le mot..... mais quand je le dis..... *j'en accepte d'avance* TOUTES LES CONSÉQUENCES !) qu'après 1815 : « *La France gardait les frontières que la Révolution lui avait don-* « *nées....* L'ALSACE ET LA LORRAINE ? ? » Voyez cependant jusqu'où peut pousser la bassesse et la lâcheté *orléanistes* ! ! ! Qui ne sait donc que nos frontières de la Révolution sont *à Mayence, à Coblentz, à Aix-la Chapelle, à Anvers, à Bruxelles.......* QUE C'EST TOUTE LA RIVE GAUCHE DU RHIN ! ! comme C'ÉTAIT d'ailleurs NICE ET LA SAVOIE ? ?

Où nous conduiront donc tous ces *bavards intarissables* et tous ces *républicains, farceurs ignobles, comparses de l'orléanisme* ? ?

France, où te mène-t-on ? ? *c'est le secret de l'avenir de demain... qui vivra verra..... Que je ne vive pas....* si ton sort doit être celui de la Pologne, *ta sœur héroïque ! !*

Aux premiers jours de nos malheurs, *si inattendus et si inouïs pour la France!* j'entendais dire que nos fautes étaient autant *morales que politiques!*

Emportée par une activité *partout renaissante...* et qui n'attend qu'un mot pour *croître encore,* la France me semble avoir oublié BIEN VITE ce *mea culpa* des *premiers jours!* Et bientôt des hommes sont venus nous dire qu'avant tout il ne fallait s'occuper que du commerce et de l'industrie, et réveiller avant tout : LA SOIF DU GAIN!! QUE TOUT LE RESTE NE VOULAIT ABSOLUMENT RIEN DIRE! Je m'aperçois que j'ai peut-être ici voulu précisément essayer de dire *modestement tout le contraire!!* Qu'on veuille donc bien me pardonner.... j'ai peut-être un peu trop vécu dans le passé de 1789, je ne suis peut-être pas à la hauteur *des temps où nous vivons!* Hélas, ce n'est cependant pas sans tristesse que *je pense, et que je vois où cette prétendue force* a mené et mène encore *tous les jours,* sous nos yeux, beaucoup d'hommes qui cependant valaient mieux que les affreux systèmes qui servaient de point d'appui à leur malheureuse force!! CES SYSTÈMES D'ATHÉISME qui sont AU FOND ceux *des jésuites* et *de Rome, des républicains et de la Commune de Paris,* aussi bien que des FORTES TÊTES *de tous les partis indistinctement!!* Et aussi ce sont eux assurément qui perdront la France, aujourd'hui la RISÉE DE L'EUROPE, SI ELLE NE SAIT SE HATER D'EN SORTIR.

APPEL

AUX

ÉLECTEURS DE FRANCE

Non, d'aucune chevalerie
Je n'ai le brevet sur vélin ;
Je ne sais qu'aimer ma patrie !
Je suis vilain, et très-vilain....
JE SUIS VILAIN,
VILAIN, VILAIN.

BÉRANGER.

ÉLECTEURS DE MON PAYS !

Il s'en est donc fallu d'une majorité absolue de 21 voix, que les destinées de la France ne retombassent *entières* dans vos mains !

Et cette Assemblée s'en allait en ne laissant derrière elle que LES RUINES AMONCELÉES DE LA FRANCE ET DE L'EMPIRE !

Et sans avoir osé jamais aborder *franchement, loyalement* LE VOTE DE LA MONARCHIE ; et après avoir refusé de *proclamer la République*, elle s'en allait en ne laissant debout après elle, sur ces ruines amoncelées, qu'un *maréchal de ce même Empire*

dont elle avait osé cependant, à la face du suffrage universel, PRO-
CLAMER LA DÉCHÉANCE!!!

Mais les choses étant ainsi, elle n'a pas osé proclamer sa
déchéance à elle-même! Elle a tremblé devant le VIDE qu'elle
allait laisser! Elle a tremblé devant *le compte* que vous, ses
électeurs, vous alliez avoir à lui demander. Elle ne sentait que
trop que vous alliez lui dire tout d'abord : « Vous qui avez si
« bien su sensément prendre le droit de parler pour nous, en
« proclamant la déchéance de l'Empire : NOTRE ÉLU ! com-
« ment se fait-il donc que vous n'ayez jamais rien su pro-
« clamer à sa place? Ah! nous ne le savons que trop! Les
« haines de partis qui vous paralysent n'ont été d'accord
« QU'UN SEUL JOUR! le jour où vous avez proclamé la
« déchéance DE L'ÉLU DU SUFFRAGE UNIVERSEL! Et
« êtes-vous donc bien sûrs que nous accepterons votre arrêt?
« vous qui revenez devant nous SANS AVOIR RIEN SU
« CONSTITUER PAR VOUS-MÊMES! »

Oui, électeurs de mon pays! voilà ce que craignait l'Assemblée! Elle craignait votre sévère contrôle! Elle craignait vos
questions! Elle craignait..... vos comparaisons!!

Mais qu'importe qu'aux bruyantes discordes, qu'aux effroyables disputes, succède le calme apparent que procure *le silence*
d'une prorogation de quelques mois, de quelques jours à
peine! La question maintenant est tranchée : *le mandataire doit*
bientôt reparaître devant son mandant pour lui rendre compte de sa
conduite! Voilà ce qui ressort bien de tout ce qui vient de se
passer. Nous devons donc tous, électeurs, mes concitoyens,
nous préparer aux élections prochaines, et bien penser à
savoir ainsi constituer nous-mêmes, puisque nos mandataires,
embarrassés, empêtrés dans leurs haines, leurs disputes et
leurs impuissantes passions, n'ont rien su constituer pour
nous! La France ne peut s'en aller ainsi plus longtemps à la
dérive, comme un vaisseau auquel l'orage aurait enlevé toutes
ses voiles, tous ses mâts, ou détruit, ou, plus malheureusement encore, soulevé tout l'équipage, qui ne penserait qu'à se
déchirer et à se battre au lieu de courir à la manœuvre des

œuvres vives encore, et de disputer aux flots les dernières épaves de ce beau vaisseau qui fut la France, et qui naguère encore arborait fièrement ce drapeau tricolore que nous saluons tous si tristement aujourd'hui!!!

Électeurs, la présence de l'ennemi ne souille plus le sol de la patrie! Et demain, c'est donc en toute liberté que vous aurez à nommer une Assemblée qui soit bien, cette fois, la vivante image de vous-mêmes!

Aussi c'est comme électeur, comme vous tous, que je viens ici essayer de m'entendre avec vous tous, pour examiner ensemble quelles devront être les conditions du nouveau mandat que vous allez conférer à quelques-uns d'entre vous, à quelques-uns d'entre nous!!

La France, surtout après ses derniers malheurs, ne peut pas continuer plus longtemps à errer à la suite de mirages trompeurs : Monarchie, République, Empire! il faut qu'elle se décide enfin, il faut qu'elle ait un gouvernement fort, qui repose sur les solides épaules de nous tous, pour faire tête aux orages que demain peut nous amener encore! Et n'est-ce pas à ce prix seul que nous pourrons les braver toujours, et plus heureusement cette fois qu'hier, *devons-nous dire*, car ne serait-ce pas un lâche seul qui perdrait l'espérance..... s'il sentait jamais LA FRANCE ENTIÈRE DEBOUT DERRIÈRE LUI!!!

Nous vivons entourés de peuples puissants : l'Angleterre, l'Italie, l'Allemagne qui ont su eux concentrer sur une seule tête *la direction de l'État!* Ils ont senti que c'est à ce prix que se fonde et surtout se maintient LA PUISSANCE! Vivrons-nous donc toujours, nous, au milieu de discussions imbéciles... soulevées par les plus viles ambitions de quelques misérables (je veux dire pauvres d'esprit) qui montent sans scrupule aucun à la barre du vaisseau de l'État, et viennent y étaler impudemment la bassesse de leur âme, aux yeux de leur pays indigné!

L'existence de la patrie française n'est-elle donc pas en danger, pour avoir trop erré à la suite de ces mirages trompeurs dont sont dupes aussi, sans nul doute, les obscurs soldats qui tombent aussi pour eux, ignorés à jamais, dans la mêlée ? Et c'est ainsi cependant que nous profanons tous les jours dans nos luttes un sang précieux qui ne doit jamais être répandu que pour le salut de la patrie, ou pour sa gloire ! !

Et cependant de notre Révolution immortelle de 1789, un code est sorti, *c'est la Constitution française décrétée par l'Assemblée constituante aux années 1789, 1790 et 1791, acceptée par le roi le 14 septembre 1791* ! !

Cette Constitution immortelle débute par la déclaration des droits de l'homme et du citoyen. Eh bien, oui, nous n'en voulons point sortir, et c'est d'elle que nous nous réclamons toujours lorsqu'elle dit : « Le but de toute association politique « *est la conservation des droits naturels et imprescriptibles de* « *l'homme. Ces droits sont : la liberté, la propriété, la sûreté et la* « *résistance à l'oppression !* » Et encore : « LE PRINCIPE DE « TOUTE SOUVERÁINETÉ RÉSIDE ESSENTIELLEMENT DANS LA « NATION. NUL CORPS, NUL INDIVIDU NE PEUT EXERCER « D'AUTORITÉ QUI N'EN ÉMANE EXPRESSÉMENT. »

Oui, nous nous réclamons des principes immortels proclamés par nos pères dans les grandes assises de 1789, qui découlaient de cet immense mouvement d'idées du xviiie siècle, ce mouvement d'idées auquel présidaient Montesquieu, Voltaire, Rousseau et tant d'autres ! ! ! Et la France irait s'abîmer dans un gouffre ! Allons donc ! !

Non, mais hâtons-nous de rassembler les débris épars de notre vacillante fortune, et sachons virilement, sagement, et gaiement, à la française toujours, faire tête au sombre orage dont les suites terribles semblent nous menacer encore.

Ces principes de 1789, vous voulons y demeurer, Y MOURIR FIDÈLES ! NOUS CONFESSONS QUE C'EST LA SOMME DE LA SAGESSE ACCUMULÉE PAR NOS PÈRES ! ! Est-ce donc notre faute à nous si le roi a violé son serment du 14 septembre 1791 ?.. *ce serment qu'il avait prêté en toute liberté.* « Je jure d'être fidèle à la nation et à la loi, d'employer tout

« le pouvoir qui m'est délégué à maintenir la Constitution
« décrétée par l'Assemblée nationale constituante, et à faire
« exécuter les lois..... *de la maintenir au dedans, et de la défendre*
« *contre les ennemis du dehors.* » Rappelons-nous aussi la belle
réponse de Thouret, président de l'Assemblée nationale :
« L'Assemblée nationale n'a plus rien à désirer en ce jour
« à jamais mémorable où vous consommez dans son sein,
« par le plus solennel engagement, *l'acceptation de la royauté*
« *constitutionnelle.* C'est l'attachement des Francais, c'est leur
« confiance qui vous défèrent ce titre respectable et pur *à la*
« *plus belle couronne de l'univers ;* et ce qui vous le garantit,
« sire, c'est l'impérissable autorité d'une constitution libre-
« ment décrétée ; c'est la force invincible d'un peuple qui
« s'est senti digne de la liberté ; *c'est le besoin qu'une aussi*
« *grande nation aura toujours de la monarchie héréditaire.* »

Et est-ce donc notre faute à nous, encore un coup, nous les
fils de nos pères, si la royauté infidèle, appuyée sur une noblesse et un clergé qu'on venait de dépouiller de tous ces pri-
viléges qui les avaient corrompus, a violé indignement son
serment, et s'en est allée honteusement mendier l'appui des
royautés et des noblesses étrangères ??

Et sommes-nous donc seuls responsables des tourmentes
effroyables de la Révolution ou plutôt de la République, ainsi
que voudraient bien nous le faire croire aujourd'hui quelques
rares gentilshommes et quelques rares gros prébendiers, qui
sont sortis riches encore de toutes ces affreuses tempêtes, où
ils semblent n'avoir rien perdu *de leurs abominables préjugés*
d'autrefois ! CES IMBÉCILES FRÉNÉTIQUES RÈVENT-ILS DONC
POUR NOUS, POUR LA FRANCE DE 1789, *le sort de la malheureuse*
Espagne, qui s'agite agonisante, éventrée, violée et pillée, aux mains
des prêtres, des zouaves pontificaux, des partisans de don Carlos et de
l'innocente Isabelle ?? Veulent-ils donc voir un jour nos villes
dans l'état de l'infortunée Cuença, qui sera désormais le pendant de Sagonte et de Saragosse ! !

Et voilà donc le résultat de cette alliance de ces pauvres
idiots, de ces misérables fondateurs, HONTEUX AUJOURD'HUI...

J'allais dire déshonorés !! de l'union libérale de Nancy !! Et ce sont ces gens-là qui oseraient venir faire le procès de la France de 1789? Ils ne voient donc pas, ces malheureux insensés, quels beaux jours nous préparerait l'avénement *de l'union libérale*, de je ne sais quelle alliance impossible de Rome, du jésuitisme, du doctrinarisme, du parlementarisme, du jansénisme et de la liberté????

Électeurs, hâtons-nous, au nom du Dieu vivant, de sortir de cette atmosphère infâme, ou nous y périrons corps et biens, et nous verrons s'y engouffrer les derniers vestiges de notre nationalité, de notre puissance et de notre prospérité!!

Et des effroyables tourmentes de notre Révolution, alors que nous allions périr, grâce à la mauvaise foi de Rome, de la royauté et de la noblesse, qui n'avaient jamais pu accepter franchement ses immortelles conséquences... et je dis immortelles, parce que si nous étions assez déshérités du ciel pour ne plus les faire nôtres.... ces vérités iraient éclairer au loin *les nations nos ennemies*... Est-ce donc notre faute encore, si un héros envoyé par Dieu nous a pris, nous France, déjà glorieuse et resplendissante nation, pour nous faire plus glorieuse et plus resplendissante encore parmi les nations de la terre???

Oui, Napoléon-Bonaparte est venu traverser notre ciel bouleversé, ensanglanté et assombri par l'orage, comme un brillant météore qui nous rendait la lumière. Mais sa grande âme de héros intrépide, brûlante d'un amour peut-être insensé de la gloire et du plus pur patriotisme, n'a jamais du moins sacrifié complétement à sa gloire, qui était d'ailleurs aussi la nôtre, les grands principes de 1789, 1790 et 1791.

Et le héros malheureux saluait encore à Avesnes, *avant la défaite*, dans une dernière proclamation : « *les droits de l'homme et le bonheur de la patrie ! !* » C'est que, dans son esprit puissant, il ne les avait jamais séparés ; non : « jamais ! » car cet esprit, il nous l'a dit lui-même, « avait vécu et avait été « nourri dans les pensées de la liberté ! ! »

A Sainte-Hélène, sur son rocher solitaire, tombeau digne

de cet aigle blessé, tombé vivant aux mains impitoyables de la puissante et vindicative Angleterre! *il salua aussi la liberté et l'indépendance des peuples*, il s'écriait qu'il serait toujours : « LEUR ÉTOILE POLAIRE! »

Nous allons voir si sa race les a trompés? et si la France s'est trompée en s'y confiant encore??

Après Waterloo, lorsque la monarchie parjure de 1789, 1790 et 1791 fut ENFIN parvenue à se faire restaurer par les forces coalisées de l'Europe, sa grande ombre plana toujours sur son Empire : L'AME DE LA FRANCE! Aussi c'est en vain que cette monarchie parjure du 14 septembre 1791 s'essaya à jouer, avec les congrégations, les deux à jamais lamentables comédies des deux restaurations consécutives, par l'ennemi, de tous les préjugés d'avant 1789! Et n'est-ce pas alors qu'on vit un poëte immortel, *animé du désespoir de la patrie expirante et vaincue*, livrer son âme au héros et chanter au monde émerveillé sa gloire et nos malheurs! Et sa lyre fidèle sut toujours allier l'amour de la gloire à l'amour de la liberté! Et la monarchie, toujours parjure, *aux jours des ordonnances de* 1830 *comme aux jours de la Révolution*, s'enfuyait bientôt aux bruits mourants des échos de sa voix, comme il le dit lui-même, de cette voix qui n'avait jamais été que l'écho fidèle de celle de la patrie!!

Et la France, après trois jours de victoire, trois jours de victoires remportées sur ce passé dont elle avait déjà fait justice en 1789, retombait encore aux mains des Bourbons, *mais des derniers parmi ces derniers Bourbons...* DANS LA MAIN DES D'ORLÉANS!!!

Et c'est un fait désormais acquis à l'histoire impartiale... *il était absolument impossible de tomber plus bas!* La France, tombée aux mains d'un fils de PHILIPPE-ÉGALITÉ, devait bien cependant s'y attendre!! Quelle comparaison elle eut à faire en ces jours honteux qui chaque jour lui apportaient à dévorer une honte nouvelle et un nouvel outrage!! Et cependant Philippe, comme affolé par sa bassesse native d'intendant infidèle, ne trouvait rien de mieux, après la bravade et la lâche reculade de 1840, que de faire revenir en triomphe les CENDRES DE NAPOLÉON!!!

Les clameurs de la France montèrent jusqu'au ciel! *Il m'a été donné de voir ce retour!!* Quelle effroyable clameur s'éleva à l'entrée des cendres du héros sur la PLACE DE LA CONCORDE!!! On dut comprendre que ce peuple scellait alors le pacte de la nouvelle alliance *des Napoléons, de la France, de la gloire et de la liberté* !!! Oui, il le scellait sans doute, mais il devait avant, et après avoir chassé *le dernier parmi les derniers Rourbons*, traverser encore une évocation de la République, ou mieux de l'anarchie de 92, sans la gloire au moins de ces temps qui, parmi leurs généraux intrépides, donnèrent au moins Napoléon Bonaparte à la France pour la sauver!

Et cependant, ce fut encore un Bonaparte qui la sauva en l'arrachant à l'anarchie (le rêve réalisé de ce malheureux homme qu'on appelle Proudhon)!! et qui rassit pour quelques années encore ses chancelantes destinées!!! Et la France, quoi qu'on en puisse dire, et vous, électeurs, mes chers concitoyens, vous êtes ici tous *mes témoins et mes complices,* par quatre fois scella le pacte de la nouvelle alliance avec les Napoléons!!!

Une première fois elle leur donna........	5,334,226
Une seconde fois elle leur donna........	7,439,218
Une troisième fois elle leur donna......	7,824,182
Et enfin, elle leur donna une quatrième fois.	7,358,786
En tout..........	27,956,412

suffrages en vingt-deux ans!!

Et il se trouvera encore des gens pour nous dire que les Napoléons ont toujours gouverné la France *contre son gré.* (28,000,000 de suffrages en vingt-deux ans, toute la France y a passé!) Il est vrai que ce sont ceux, oh! électeurs, mes frères, ne l'oubliez pas, je vous en prie, pour la clarté de ce que je me propose de vous dire par la suite, qui viennent de faire proclamer, à la face du monde *ahuri et ébahi,* du haut de la chaire de plus en plus désertée de saint Pierre : « QUE LE

« SUFFRAGE UNIVERSEL...... C'EST LE MENSONGE UNI-
« VERSEL ! ! ! »

Hé bien ! moi, j'ose affirmer ici que tant que cette généra-
tion ne sera point passée, *ou ne se sera point expliquée de nouveau,* dans un libre et public plébiscite, comme celui de 1848,
on pourra hautement dire, comme j'aime à le proclamer ici
de toutes mes forces, ayant toujours aimé par-dessus tout
CE QUI EST VRAI : « LA FRANCE EST BONAPAR-
« TISTE ! ! ! ! »

Prouvez-nous donc le contraire, vous qui osez le nier.... EN
LA RÉUNISSANT DEMAIN DANS DE LIBRES COMICES où elle
pourra, vous *régnante* (censément), s'expliquer *franchement* sur
la forme de gouvernement qu'elle préfère !

Et pourquoi, *malgré vents et marées,* la France est-elle donc
encore restée BONAPARTISTE ??

C'est qu'évidemment depuis sa grande Révolution, ou mieux
sa grande évolution de 1789, ce sont encore les deux Empires
qui ont été *tous les deux,* et proportions gardées, les plus fidèles à ses idées nouvelles, et les plus fidèles aussi, SANS
NULLE COMPARAISON POSSIBLE sur ce point, comme sur
le premier, aux idées qui doivent présider aux soins de son
existence, de sa gloire, de sa puissance et de sa prospérité
dans le monde, comme GRANDE NATION ! ! n'en déplaise
trop d'ailleurs aux *chauvins de bassesse* couvés par le philip-
pisme, ou mieux si l'on veut l'orléanisme, que nous avons vu
éclore sous nos yeux en 1848 et en 1870, d'également TRISTE
ET HONTEUSE MÉMOIRE ! ! ! Aussi aujourd'hui, nous ne le
voyons que trop, la République ce n'est plus qu'un *orléanisme
mitigé,* autrement dit *un paravent de papier gras et sale* qui nous
sépare à peine du radicalisme le plus bête comme le plus
féroce, le plus échevelé comme le plus corrompu... LE RÈGNE
DES SINGES ! Il ne nous reste donc, *qui ne le comprend ?* qu'à
revenir à l'Empire qui lui, au moins, s'il a été souvent malha-
bile et malheureux, n'en a pas moins, *et par deux fois,* donné
à la France des jours d'un éclat et d'une prospérité qu'elle
n'oubliera jamais ! Mais devons-nous donc d'ailleurs nous

abandonner à ce nouvel Empire, *devons-nous nous livrer à lui pieds et poings liés?* NON ! Et puisqu'il nous reste du temps encore, et qu'une illustre épée nous assure *qu'à son ombre et à l'ombre d'une sage liberté* (pendant six ans !) l'ordre ne sera pas troublé, essayons d'examiner mûrement ici quelles seraient LES CONDITIONS DE LA RESTAURATION DU TROISIÈME EMPIRE EN FRANCE ?

D'abord, *nous savons bien qu'il reviendra,* ou par les élections primaires, ou par le plébiscite ; car, nous l'avons vu, il est *dans les entrailles du pays,* et rien ne pourra et n'a pu, jusqu'à ce jour, *l'en arracher :* royauté soi-disant légitime ; royauté soi-disant constitutionnelle ; République soi-disant orléaniste (1848), *ou bien digne de l'être,* y ont successivement échoué !

La sagesse n'est-elle donc pas pour nous de savoir bien *nous préparer* à ce que nous savons être..... L'INÉVITABLE ?

Le nouvel Empire, justement embarrassé d'une bonne part de responsabilité dans les à jamais douloureux désastres sous lesquels nous avons, *nous et lui,* succombé, se présente à nous d'ailleurs avec assez de sagesse, de réserve et de modestie. Il nous fait dire par ses organes les plus autorisés qu'il veut tout attendre des vœux hautement et librement exprimés de la nation, et qu'une fois rappelé par elle, il s'empressera aussitôt de convoquer *une constituante* pour rédiger, d'accord avec elle, la constitution du nouvel Empire. *Il serait difficile vraiment d'être plus libéral et plus large..... dans ses promesses ! !* Et pourquoi donc croire qu'il ne les tiendrait pas ? Et puis n'est-ce donc pas d'ailleurs *à nous seuls, sachant ce que nous allons faire,* de savoir aussi l'y contraindre ? La France de 1789, 1790 et 1791 a-t-elle donc vraiment besoin qu'on lui montre l'Angleterre, l'Italie et l'Allemagne, vivant sous l'empire d'une libre constitution *consentie,* pour l'engager à suivre leur exemple ?

Plus fatiguée et plus meurtrie encore par les révolutions que tous les autres gouvernements de l'Europe, ne veut-elle donc pas, elle aussi, gagner un port assuré où elle refera vite sa fortune, pour reprendre bientôt son rang à la tête du monde civilisé? N'a-t-elle donc pas, [plus que tous les autres peuples ensemble, *remué toutes le idées possibles*? et n'a-t-elle donc pas, de tout ce flot du passé, rapporté au moins la connaissance des principes nécessaires à tout gouvernement? Ne les trouverait-elle donc pas, TOUT DE SUITE, dans cette Constituante de 1789, 1790 et 1791 à laquelle ont été infidèles *le roi, le clergé et la noblesse de l'ancienne France!* oui! *les principes,* ou plutôt *l'ébauche* de la constitution nouvelle *qu'il s'agirait d'adapter aux temps du nouvel Empire??* L'Angleterre se rapporte toujours au passé pour les bases de sa constitution, et il serait bien malaisé, sinon impossible, d'en rédiger point par point les soi-disant articles. Notre constitution de 1789, 1790 et 1791 ne devrait-elle donc pas être pour nous l'arsenal où nous irions, *comme l'Angleterre*, puiser l'esprit des principes qui doivent régir notre *soi-disant* nouvelle constitution?? *La liberté de la presse, la liberté de conscience, l'inviolabilité de la propriété,* LA SURETÉ ET LA PROTECTION DE L'ÉTAT GARANTIES ÉGALEMENT A TOUS, ne seront-elles donc pas TOUJOURS les points prinpaux de cette constitution, ou mieux de *toute constitution,* de tout contrat digne de ce nom? Adapter tous ces principes *aux lumières du temps serait donc, à vrai dire, le devoir de l'Assemblée constituante convoquée par le nouvel Empire!!*

Ce sera là assurément une œuvre admirable, et bien digne en tous points d'une France prête à fermer définitivement chez elle l'ère des révolutions sans cesse renaissantes!

Et qu'on ne vienne pas surtout ici nous parler des parlementaires, des doctrinaires de la Restauration, de l'orléanisme et des Républiques bourgeoises de 1848 et de 1870!! *Nous ne voulons rien avoir de commun avec ces hommes, nous les savons sans patriotisme comme sans vergogne,* et nous savons qu'ils ont aussi bien perdu par leurs lâches et imbéciles conseils, nous ne dirons pas la Restauration *qui était née morte et déshonorée comme tout ce qui date chez nous d'avant* 1789, mais l'orléanisme et même encore ces deux Républiques de 1848 et de 1870, dont le plus pur de leur science politique abjecte est d'avoir su *d'avance, pour ainsi dire, paralyser et glacer le courage!!*

La lâcheté est une mauvaise conseillère pour une nation comme la France!! Ces derniers événements, sous le poids desquels a failli succomber notre glorieuse nationalité, ne nous l'ont que trop démontré! Et n'avons-nous pas vu tous ces parlementaires, tous ces doctrinaires, tous ces républicains couvés sous leurs ailes, donner à l'Empire, aux prises avec la puissance allemande sur le Rhin (NOTRE FLEUVE!) LES PLUS LACHES, LES PLUS VILS COMME LES PLUS IMBÉCILES CONSEILS? Ne les avons-nous pas vus tous déclarer à l'envi cette guerre INÉVITABLE..... IMPOSSIBLE!! et ce serait vraiment leur faire *trop d'honneur*, peut-être, que de croire qu'ils comptaient ainsi pousser à sa perte cet Empire, QUI VENAIT CEPENDANT DE SE CONFIER A EUX; non, ils obéissaient là à la lâcheté, INVÉTÉRÉE CHEZ EUX, depuis qu'ils se sont mis au banc de la nation *en 1814, en 1815, en 1830, en 1840, en 1848 et en 1870*!!!!! Oh! arrière à jamais ces hommes pervertis, ou notre nationalité descendra dans le même tombeau où ils vont, *heureusement pour elle*, descendre bientôt tous; et sa fin sera celle de la Pologne et de Byzance, qui ont usé en vaines querelles leurs dernières forces, avant d'être rayées du nombre des nations de la terre, qu'elles aussi, cependant, avaient remplie du bruit des plus héroïques et des plus brillants exploits!!

C'est dans *les générations nouvelles* qu'il nous faudra chercher et trouver les hommes *éclairés et positifs* qui, sachant appliquer froidement les *principes sacrés* de 1789, sauront aussi faire à la fois tout ce que la gloire et la prospérité de la patrie réclament. Oui, ils devront *à la fois faire tout ce que la gloire et la prospérité de la patrie réclament; ils n'affecteront plus de séparer, pour la patrie française,* LES SOINS DE SA PUISSANCE ET DE SA GLOIRE DE CEUX DE SA PROSPÉRITÉ..... ils n'ont que trop vu où nous a menés *cette basse et lâche méthode....* qui nous a abaissés au point d'applaudir certains hommes dont le crédit a suffi censément pour trouver en France *cinq ou six milliards....* alors que ces mêmes hommes, *sans nom*, pour lesquels, *mais ils s'en moquent bien sans doute,* LA POSTÉRITÉ SERA JUSTE! nous disaient naguère qu'augmenter l'armée serait une dépense aussi inutile que ruineuse et ridicule pour la France !!!

Il faudra cependant, nous l'avons déjà dit, et nous ne saurions trop le redire encore, ne pas se livrer sans conditions au nouvel Empire. Il faudra, tout en lui apportant TOUT NOTRE DÉVOUEMENT ET TOUT NOTRE RESPECT, comme à la vivante image de la patrie, *savoir nous tenir debout autant que respectueux et dévoués devant lui !* Nous ne voulons point, quant à nous, être des CANDIDATS OFFICIELS.... Toute notre ambition serait d'être, au contraire, *le simple candidat de nos concitoyens*, n'estimant nul honneur supérieur à celui-là, et surtout dans les temps troublés où nous sommes ! Et, pour tout dire en un mot : APRÈS LE MANDAT D'EMPEREUR, NOUS N'EN CONNAISSONS PAS DE PLUS BEAU QUE CELUI DE REPRÉSENTANT DE LA FRANCE !!! *Et Dieu nous garde d'entendre* les devoirs de notre mandat comme les entendaient ces représentants officiels de la France sous l'Empire qui faisaient l'admiration de M. Thiers, comme il nous le raconte dans sa déposition dans l'enquête du 4 Septembre, parce qu'ils étaient venus lui dire : « *que quant à eux, peu leur importait quel* « *était l'hôte des Tuileries*, POURVU QU'ELLES FUSSENT HABI- « TÉES. » Quant à nous, nous trouverons toujours ces maximes dignes des Robert-Macaires et des Bertrands de l'orléanisme et de la République.... et c'est pourquoi aussi *nous ne voulons point des candidatures officielles*. Il faut que la représentation sorte des entrailles du pays, comme en sortirait l'Empire ! C'est une expérience à faire, *elle vaut la peine d'être tentée... et si elle échoue cependant?...* c'est que la France aurait vécu !

Et comment donc, en effet, d'un autre côté, être bien sûr de connaître la volonté de la France, *et comment faire alors pour y conformer sa conduite?* Si le pouvoir se contente de dicter *sa volonté à des valets... il encourt alors une terrible responsabilité !* Et cela n'a-t-il pas été un peu au nombre des fautes du second comme du premier Empire ? Lorsqu'on a une telle force que celle de l'Empire en France, doit-on donc la gâcher comme à plaisir, *en la falsifiant soi-même?* Et l'Empire ne s'est-il pas complu beaucoup trop à se mirer dans des Corps législatifs *soumis et serviles*? Et n'a-t-il pas, par cela même, donné trop d'importance et d'éclat à ces quelques tristes épaves du passé qui y sont venues échouer malgré lui? N'a-t-il pas ainsi surfait, comme à plaisir, la valeur d'hommes déjà jugés par leur pernicieuse influence sur les destinées de la France?? Ne leur a-t-il pas en quelque sorte procuré une tribune pour se faire entendre seuls au pays, étourdi *de leur inépuisable et lâche faconde*? N'a-t-il pas, *ce qui est bien plus grave encore*, fini lui-même par *prendre au sérieux* DE STUPIDES CONSEILS, et ne l'avons-nous pas vu, *à la voix justement décriée de MM. Thiers et Berryer, désavouer sa belle campagne d'Italie*? et courir au-devant des désastres qui devaient amener sa chute et celle de la France, en identifiant nos destinées à celle de la papauté, cet imbécile pouvoir qui, au bruit de nos désastres et au lendemain à peine de sa chute spirituelle chez nous (1789!), s'en allait cependant proclamer, à la veille de sa chute temporelle, son infaillibilité spirituelle et temporelle à la fois??

ET SE CONFIER A LA NATION? SON GRAND, SEUL ET UNIQUE ÉLECTEUR, ne serait-ce donc pas pour le nouvel Empire la meilleure manière pour ne pas glisser encore DANS L'ORNIÈRE INFAME DU CLÉRICALISME???..... *Qu'il laisse parler librement la France, et il verra bien si elle est cléricale!*

Napoléon IV, qui doit nous rendre, à défaut d'un héros dont la gloire est immortelle et doit surnager sur les âges, sa vivante mémoire! voudra d'ailleurs, sans nul doute, éclairer un jour la France *sur l'état de son esprit sur ces questions, aujourd'hui si importantes qu'on peut dire que le salut de la patrie y est attaché!* Il a déjà pu voir ce que la France pense du drapeau blanc et d'Henri V, qu'elle considère avec justice comme les vrais et seuls représentants de l'infaillibilité, de l'immaculée-conception et du Syllabus!!! Il pensera à ce que disait à Sainte-Hélène son grand aïeul au comte de Las Cases, en lui parlant de son fils : « Quelle éducation lui donnera-t-on? De quels « principes nourrira-t-on son enfance? Et s'il allait avoir la « tête faible! S'il allait tenir des LÉGITIMES!...... Et pourtant

« quel pourrait être le contre-poison à tout cela ? Il ne saurait
« y avoir désormais d'intermédiaire sûr, de tradition fidèle
« entre lui et moi ; tout au plus un jour mes *Mémoires et peut-*
« *être aussi votre journal.* Mais encore, pour surmonter le pli,
« les impulsions de l'enfance, pour vaincre les vices de l'en-
« tourage, faut-il déjà une certaine capacité, une certaine
« force de tête, UN JUGEMENT TRANCHANT, DÉCISIF, et tout
« cela est-il donc si commun !... Mais parlons d'autre chose, »
a-t-il prononcé fortement... *Et il n'a parlé de rien !*

Napoléon IV, lui, voudra sans doute *parler de quelque chose.*
Il ne voudra pas retomber dans ces mêmes *oscillations inexplicables des derniers jours de l'Empire*, qui ont jeté notre alliée naturelle, l'Italie, dans les bras de la Prusse (*et qui y jettent
aujourd'hui l'Espagne ! !*), comme disait naguère le *Times.* Il lui
faudra choisir sa voie entre le *Pays*, qui disait hier excellemment, et qui *engage* sans doute l'Empire par *son héroïsme dévoué :*
« A aucun prix et sous aucun prétexte nous ne permettrons
« qu'on touche à l'unité italienne, que nous revendiquons
« comme une de nos plus glorieuses actions...... *jamais* l'Em-
« pire ne tirera l'épée pour reprendre à l'Italie sa capitale ! »
et l'*Ordre*, qui aujourd'hui *encadre à sa première page* ces paroles
d'un ouvrier fanatique (y en a-t-il donc beaucoup en France ?)
qui s'écrie en parlant de ces mêmes événements d'Italie :
« *Mais si le père a vu sa confiance abusée, le fils, filleul dévoué du*
« *Saint-Père, saura rendre à l'Église ce qui appartient à l'Église.* »
La France attend de lui là-dessus un JUGEMENT TRANCHANT,
DÉCISIF..... celui dont parlait à Sainte-Hélène NAPOLÉON-
BONAPARTE ! ! ! et s'il veut encore s'éclairer, qu'il lise LES
RAPPORTS DES PRÉFETS, puisque l'*Indépendance*, qui n'est pas
bienveillante cependant, IL S'EN FAUT ! veut bien nous en
donner la conclusion, *à la date du 5 juin passé ;* il y verra :
« qu'il en ressort, pour qui sait lire entre les lignes, que le
« BONAPARTISME GAGNE, moins en tant que bonapar-
« tisme, que par l'impérieux besoin d'un gouvernement
« stable qui ne soit pas........ LE GOUVERNEMENT DES
« PRÊTRES ET DES CLASSES DIRIGEANTES...... » (LE

« FOUILLIS PARLEMENTAIRE !) » Qu'ajouter à cela?.... Que
nous attendons ANXIEUX quelques bonnes paroles de l'empereur... *notre dernière espérance,* pour relever *la grande nation !!!*
Et nous voulons croire qu'il les prononcera *pendant ses vacances,*
le 15 août, à ARENENBERG?? Et qu'il nous laisse le lui dire
avec une respectueuse franchise... son temps sera aussi bien
employé là QU'A L'ÉCOLE DU... non, de Woolwich!!

Mais arrêtons-nous à ce mot : INFAILLIBILITÉ ! Car c'est
là le nœud, sans nul doute, de toutes les questions qui agitent
à cette heure, non pas la France seule, mais toutes les nations
où le catholicisme a conservé encore une force bien plus
apparente que réelle. M. Disraeli et M. Gladstone, les wighs
et les torys de la libre Angleterre, ne constataient-ils pas hier
à l'envi l'un de l'autre, bien que d'un avis opposé en ces questions, *qu'il existe en Europe des influences qui font présager des
troubles pour tôt ou tard?* et M. Disraeli, le président du conseil
des ministres torys de l'Angleterre, ne constatait-il pas hier
aussi, en répondant au toast porté aux ministres par le lord-
maire de la ville de Londres : « qu'un grand changement s'est
« produit dans le monde entier par suite *du conflit entre l'État*
« *et l'Église.* Le devoir du gouvernement, ajoutait-il, EST DE
« SE PRÉPARER A LA TEMPÈTE, en donnant une force nouvelle
« à l'Église établie, que je considère COMME LE REMPART
« DE LA LIBERTÉ POLITIQUE ! »
Et où est donc le *rempart* qui chez-nous protége notre
liberté politique et civile contre les entreprises de Rome?? Où
en est donc chez nous l'application de ces grands principes de
1789 qui disaient: « *que la loi ne reconnaissait point ni vœu reli-*
« *gieux ni aucun autre engagement qui serait contraire aux droits*
« *naturels ou à la Constitution,* » et qui disaient aussi : « *que la*
« *qualité de citoyen français se perd par l'affiliation à toute corpo-*
« *ration étrangère qui exigerait des vœux religieux?* »
Quand donc saurons-nous en revenir à ces principes de la
Constitution de 1789, 1790 et 1791, dont l'application et le
maintien avaient été jurés solennellement par le roi, le

14 septembre 1791 ? ces principes que nous invoquons tous les jours, sans les bien connaître, sans les bien étudier, et sans nous en bien pénétrer, ahuris et hébétés comme nous le sommes par tous les imbéciles systèmes de quelques sycophantes soi-disant RÉFORMATEURS! qui, tout en se soumettant bassement, *dans leurs familles,* à toutes les plus honteuses exigences de la Rome papale, s'en vont souffler la haine, le désespoir, l'athéisme et le vol aux masses, et enfin le mépris d'une société dont ils sont après tout, eux-mêmes, L'UN DES OBJETS LES PLUS JUSTEMENT MÉPRISABLES ! ! !

Sachons donc enfin que *l'ordre matériel* n'est pas tout dans un État, et qu'un ordre moral *élevé et sincère* doit présider à tout *ordre matériel,* si nous ne voulons pas tomber, privés de TOUT HONNEUR et *de toute règle salutaire, dans la plus basse et la plus vile objection!* . . . .

Lorsque nos pères de 1789, 1790 et 1791 rédigèrent leur immortelle Constitution, ils crurent sans doute trop aux lumières, à l'intelligence et aussi, disons-le, *à l'honnêteté du temps,* et ils ne s'occupèrent pas assez de donner *une sanction effective à la loi qui annulait à leurs yeux* LA VALEUR DES VŒUX RELIGIEUX! ! ! Le haut clergé d'ailleurs, à la voix de la Rome papale, inspira et prit la direction cachée, par les directeurs de conscience, de la résistance et du parjure du roi et de la noblesse à la constitution jurée. Aussi il disparut dans le même gouffre où allaient périr la royauté et la noblesse. Et ce ne fut que plus tard que Napoléon, qui venait rasseoir la société ébranlée jusque dans ses plus intimes fondements, crut devoir lui rendre sa place dans l'État en restaurant la Religion.

Et son rempart à lui, ce fut ce qu'il appela: LE CONCORDAT! (1) Ce rempart suffisait-il ? On peut vraiment, — aujourd'hui que Rome, après avoir censément accordé au monde, comme don de joyeux avénement, à la restauration inespérée par l'ennemi de la prétendue légitimité en France.... LE RÉTABLISSEMENT DES JÉSUITES ! et non contente de cela, vient encore

(1) Mais n'oublions pas que le pape ne put jamais se résoudre à jouer la *basse comédie* de la confession et de la communion! !

d'y ajouter la proclamation de son infaillibilité aussi bien au spirituel qu'au temporel (le Syllabus !), — avoir vraiment conservé là-dessus quelques doutes ! ! ! Napoléon, succédant à des temps désordonnés et criminels, et homme d'ordre et d'honneur avant tout, et connaissant d'ailleurs SA FORCE, crut pouvoir, lui aussi, se contenter avec Rome, en oubliant complétement ENCORE d'appliquer les principes éclairés et philosophiques de 1789, de ce qu'on était convenu d'appeler sous Louis XIV (ce qui vraiment était bien fait pour lui inspirer des doutes *salutaires !*) : *les décrets de l'Église gallicane et de ses libertés !* c'est-à-dire les quatre propositions de Bossuet, votées en 1682, par l'assemblée du clergé français (il faudrait encore voir laquelle ?). *Ces décrets de l'Église gallicane et de ses soi-disant libertés* disaient et disent : que l'Église n'a reçu aucun pouvoir de Dieu sur les choses temporelles et civiles (que devient le Syllabus ?), et elles déclaraient aussi que *les conciles œcuméniques,* en s'en rapportant aux décisions du concile de Constance, étaient supérieurs au pape dans le spirituel (que devient donc l'infaillibilité papale au spirituel, proclamée par le concile œcuménique de 1870 ?). Et c'était là cependant le rempart, avec le Concordat, où Bonaparte pensait mettre chez nous à l'abri des empiétements de l'Église de Rome nos libertés politiques, religieuses et civiles ! Ne voyons-nous donc pas aujourd'hui à quel point ce puissant esprit *s'est lui-même trompé,* en n'appliquant pas simplement à la Religion, *sans laquelle d'ailleurs aucune société ne peut vivre,* les principes de la Constitution de 1789 ? ? ?

Et est-ce donc bien vraiment aujourd'hui à la France de 1789, qui, à la voix puissante de Voltaire, réhabilitait : Callas, Sirven et le chevalier de la Barre ! ces trois victimes du plus infâme fanatisme catholique, *celui de l'Inquisition, des Dragonnades et de la Saint-Barthélemy !* qu'il faut venir rappeler ce que c'est que le travail de 1789 au point de vue du pouvoir religieux, temporel et civil rêvé par la Rome papale ? ? ?

Et où en sommes-nous donc arrivés en France sur ces questions, qu'aujourd'hui nous semblions discuter chez nous s'il ne conviendrait pas à la France de 1789 *de prêter son appui à l'infaillibilité, à l'immaculée-conception et au grand Syllabus...., cette soi-disant Charte des temps éternels....,* et à leurs bien dignes défenseurs LES CARLISTES D'ESPAGNE ??? Et n'est-ce donc pas vraiment parce que nous n'avons pas discuté chez nous *cette question profonde de la Religion* avec toute la gravité qu'elle comporte ? Et nous avons livré cette question à des gens du monde, à des bourgeois, à des démocrates, ou encore à des radicaux, tous *soi-disant réformateurs* (*et sans cela je ne leur en voudrais pas !*) et qui semblent y lutter tous *de bassesse, de platitude et d'imbécillité ! ! !*

Et il semblerait vraiment que le fanatisme le plus infâme a déshonoré tellement chez nous l'idée religieuse, *qu'il l'a fait périr dans les consciences !* et que l'arme légère du ridicule, si puissante chez nous, et dont s'est peut-être trop servi le grand Voltaire pour l'abattre, a abattu, du même coup, *toute idée religieuse raisonnée, honorable et sincère ! ! !*

Eh bien ! (et on ne saurait trop le répéter encore !) ne faut-il donc pas en revenir là à notre arsenal des lois de 1789, 1790 et 1791 ? à ces lois qui disaient excellemment : « *ne recon-* « *naître ni vœu religieux ni aucun autre engagement qui serait con-* « *traire..... aux droits naturels ou à la Constitution ! !* » Ne serait-ce donc pas la meilleure réponse aux entreprises de Rome ? à ses prétentions spirituelles et temporelles : L'INFAILLIBILITÉ ET LE SYLLABUS ? Et que sont donc devenus, depuis les décrets du concile œcuménique de Rome, en 1870, ces remparts qui censément, chez nous, nous mettaient à l'abri de ces entreprises : le Concordat, appuyé sur les décrets de Louis XIV et de Bossuet, de l'Église gallicane et de ses libertés ? ?

Et n'est-ce donc pas ce prétendu rempart, ce prétendu Concordat de Napoléon, puisque l'un des concordataires a retiré sa signature, que la Rome papale a dernièrement brisé en se proclamant infaillible dans le spirituel comme dans le temporel ? ? Et n'est-ce donc pas de cet ordre de choses que doivent sortir et que sortent déjà les tempêtes que prévoit M. Disraeli ? ?

Et l'*Impartial* ne nous disait-il pas hier, en Espagne : « qu'au

« fond la guerre carliste n'est pas une question de dynastie,
« mais qu'elle a une signification plus étendue : c'est la lutte
« européenne de l'ultramontanisme contre la civilisation. Le
« carlisme ne vient-il pas de mettre à mort plusieurs prêtres
« *qui avaient juré fidélité à la Constitution* ?? »

Et dernièrement encore n'avons-nous donc pas vu, lorsque
l'Angleterre voulait ramener à une saine raison les pratiques
introduites par le clergé anglican dans les cérémonies religieuses de la réforme, M. Disraeli s'écrier encore, en appuyant
ce projet *qui est devenu aujourd'hui une loi :* « La grande lutte
« entre le pouvoir temporel et le pouvoir spirituel, dont le
« continent nous offre le spectacle, intéresse l'Angleterre. Le
« seul moyen d'empêcher les troubles et les désastres qui
« peuvent en être la conséquence est de se rallier aux prin-
« cipes de la réformation qui sont représentés PAR L'ÉGLISE
« ANGLICANE. »

Et nous, France de 1789, dont la Constitution découle autant au moins du mouvement d'idées du xviii° siècle que du
xvi° siècle, allons-nous donc assister impassibles à cette honteuse querelle ? Et si je dis *impassibles*, c'est qu'heureusement
pour nous, nous avons déjà peut-être refusé de nous y asso-
cier, lorsque Henri V a refusé, malgré les instances, dit-on,
du cardinal Antonelli et du pape, d'adopter le drapeau tricolore. (C'ÉTAIT LA FUSION COURONNÉE !)

Mais est-ce donc vraiment assez, et n'allons-nous donc pas,
en voyant bien d'où vient le péril, comme l'Angleterre, nous
adresser, nous aussi, à l'arsenal de nos lois et ramener au
moins notre HAUT CLERGÉ PARJURE, car tous les évêques ont
juré, en prenant possession de leurs siéges, de maintenir et
de faire enseigner dans tous leurs séminaires la légalité des
propositions de 1682, à l'observation de la loi et des principes
de 1789 ; et le principe qui domine ces lois, nous l'avons vu,
*c'est que la pratique des vœux monastiques fait perdre la qualité de
Français !* Et, en effet, l'application de ce principe ne serait-
elle donc pas, comme en Angleterre, comme en Russie,
comme en Amérique... *comme en Allemagne !* une garantie que

le clergé dépend, avant tout, des lois et de la constitution de son pays? Dans tous ces pays, en effet, le clergé est marié et dépend ainsi uniquement de l'État. Et n'est-il donc pas temps, chez nous, de mettre en demeure le haut clergé et le bas clergé d'opter entre les ordres de Rome et les ordres de la France? Et ne sait-on donc pas que les curés de France ont en grande majorité frémi d'avoir été forcés par leurs évêques, en plein xix° siècle, après la Réforme, la Révolution et l'Empire, d'accepter la déclaration du dernier concile œcuménique, qui s'est mis, de gaieté de cœur, *comme il y était déjà sans doute,* en contradiction avec toutes les lois religieuses et civiles de la France ancienne et moderne, aussi bien de la France de Louis XIV, que de la France de 1789 et de Napoléon? Il est donc urgent que l'État, pour en revenir à la loi de 1789, et même, si l'on veut, de 1682, sache briser les liens récents et nouveaux imposés par Rome au clergé français. Et il y arrivera sans nul doute, en convoquant une assemblée des curés de France réunis, eux aussi, en concile, à côté des représentants de la France! Et pendant que ces représentants proclameront le nouvel Empire, ou, si l'on aime mieux, en feront la constitution, le clergé de France, réuni à côté d'eux en concile général, en se conformant aux lois de son pays, auquel il est, avant tout, dévoué, proclamera à l'envi que le chef de l'État est aussi en France, comme en Angleterre, comme en Russie, comme en Allemagne, le chef de la religion de ce même État; que le mariage des prêtres, que la suppression de la confession et des dogmes insensés de la transsubstantiation et de l'immaculée conception, sont les meilleurs hommages qu'on puisse rendre à la religion, en nos temps modernes, *pour la rendre respectable;* et qu'enfin pour la rendre, s'il est possible, *plus respectable encore,* il est indispensable qu'elle parle à tous un langage élevé et compréhensible, c'est-à-dire qu'elle leur lise dans leur langue maternelle le sermon sur la montagne et la morale de l'Évangile! Et ils mettront ainsi à exécution, ces pauvres et nobles curés de campagne, écrasés par de vaniteux et parjures évêques, ce que demandait déjà,

de son temps, VOLTAIRE, qui, il s'en faut, n'a pas toujours
ri et plaisanté sur ces graves matières :

« On sentira l'énorme et DANGEREUX ridicule d'avoir dans
« un État un corps considérable de citoyens dépendant d'un
« maître étranger (et aujourd'hui ce maître étranger n'est
« plus ou à peu près qu'un simple évêque italien!). Ce corps
« comprendra lui-même *qu'il serait plus honoré, plus cher à la*
« *nation* si, réclamant son *indépendance naturelle, il cessait d'em-*
« *ployer à ses dépens une espèce de simonie pour se rendre esclave.*
« IL SE FORTIFIERA DANS CETTE IDÉE SAGE ET NOBLE PAR
« L'EXEMPLE D'UNE ILE VOISINE..... ALORS VOUS FEREZ SER-
« VIR VOTRE INFLUENCE ET VOTRE POUVOIR A BRISER DES
« LIENS DONT LA NATION S'INDIGNE! VOUS VOUS CON-
« FORMEREZ AU TEMPS. »

Oui!... électeurs, mes frères, *conformons-nous au temps!* n'allons pas surtout courir le risque DE DÉSHONORER A JAMAIS
LE DRAPEAU TRICOLORE en le mettant au service, sous prétexte du plus jésuitique patriotisme, et pour des questions
dont nous avons voulu faire et dont nous avons fait en bonne
partie justice chez nous, du plus infâme et du plus hideux
fanatisme! Ce drapeau a aidé, quoi qu'il en soit, à enlever à
Rome son dernier asile... ne l'oublions pas, et sachons d'ailleurs que l'Italie ne l'oublie pas non plus, puisque son ambas-
sadeur l'assurait hier au nom de son roi à la France, si heureusement représentée, il semble, en cette circonstance par
le maréchal de France duc de Magenta!! Et n'oublions
JAMAIS, nous Français, que si un jour, plus heureux et plus
prêts, nous voulons marcher à M. le prince de Bismarck et
lui demander compte de nos frontières du Rhin, nous voulons
le faire *pour le vaincre*, et non POUR L'ASSASSINER (1)!!!

(1) Et pendant ce temps-là chez nous l'aberration des esprits est si profonde,
que le prétendu grave *Journal des Débats*, ce journal où passent pour se ren-
contrer *les fortes têtes* de la Sorbonne et de l'Académie, osait nous soutenir
bien gravement l'autre jour, après la tentative d'assassinat par les jésuites de
M. le prince de Bismarck, que ses organes officieux *ne se relâchaient en rien*
de leur violence contre l'ultramontanisme et qu'ils ne reculaient devant aucun

La Rome papale, qui affecte tous les jours d'insulter ce qui nous est le plus cher! et qui, lorsqu'elle ne le fait pas, sait trouver d'hypocrites, basses et encourageantes paroles pour tous les gouvernements et pour tous les prétendants à la fois : en France, pour l'empereur, et pour les deux rois, et pour les deux drapeaux, selon qu'ils fusionnent ou ne fusionnent pas ; en Espagne, pour don Carlos et pour l'innocente Isabelle, selon qu'ils paraissent avoir le dessus ou le dessous ; en Portugal, pour un don Miguel quelconque qui a déjà paru et disparu, pour reparaître et disparaître sans doute encore...,. et enfin en Italie, où elle bénit et encourage..... tous les princes chassés, depuis le duc de Parme, en passant par le duc de Modène, le grand-duc de Toscane, jusqu'au fameux fils de l'illustre roi Bomba..... mais en s'arrêtant là toutefois... *et on peut encore prévoir* que c'est un prodige qui ne durera pas!... devant le roi Victor-Emmanuel, parce qu'il s'appelle sans doute le ROI GALANT HOMME !!! la Rome papale sera toujours pour la France l'objet du plus profond mépris !!!

Non, la France n'est point PONTIFICALE, elle a pour cela trop DE GÉNIE ET D'HONNEUR! elle est *révolutionnaire-impériale et chrétienne*, et sa profession de foi c'est celle du *Vicaire Savoyard!* d'où elle tire L'ACCORD de sa constitution civile et religieuse de 1789, par LE MARIAGE DU CLERGÉ !!!

moyen pour le combattre et *LE DÉCRIER?? DÉCRIER les jésuites, les franciscains, les dominicains, et citer le Manuel des frères et sœurs du tiers-ordre de la Pénitence de Saint-François, eux tous qui prêchent l'assassinat pour la bonne cause!* Quel scandale en effet dans le pays qui a vu naître *Pascal,* LES PROVINCIALES et VOLTAIRE!!! Il est vrai que le grave journal de la SORBONNE ET DE L'ACADÉMIE, SA DIGNE SŒUR, ajoutait encore hier, en parlant de la loi qui vient de passer en Angleterre à la chambre des Lords et à la chambre des Communes, et qui a passionné, dit-il, le peuple anglais au delà de tout ce que nous saurions imaginer en France *(nous qui sommes si sages!)* : « On eût dit, en « effet, qu'il s'agissait (ajoute *l'imbécile journal!*) de sauver le protestantisme « menacé par les ritualistes, *ces prétendus précurseurs d'une invasion de l'ultra-* « *montanisme.* » Comme si ces malheureux *Débats* de la Sorbonne et de l'Académie, sa bien digne sœur, n'avaient pas vu leurs misérables discussions envahies UN PEU elles aussi (et si jésuites que l'on soit, il en faut bien convenir !) par la *proclamation du dogme de l'infaillibilité du pape et la proclamation du grand Syllabus!!!*

Électeurs, je le sais, je m'en suis convaincu... toutes les idées que j'ai essayé d'exprimer ici SONT CELLES DE L'IMMENSE MAJORITÉ DES PLUS HONNÊTES ET DES PLUS INTELLIGENTS D'ENTRE VOUS !... *mais en secret!*... pourquoi donc ne pas les proclamer *tout haut*, et ne pas choisir parmi vous quelqu'un à qui vous apporterez la force et l'appui nécessaires pour les proclamer, les répandre et...... les édicter en votre nom à son tour?

Aucun de vous ne peut en revenir, sans doute, aux ignominies du fanatisme et de la superstition, et vous ne voulez pas en revenir davantage aux horreurs sans nom de la Commune!!

Eh bien ! pour éviter ces deux mots, également horribles et également faits TOUS LES DEUX pour faire reculer la civilisation, et fatalement enchaînés L'UN A L'AUTRE, *puisque invariablement nous les voyons se suivre ou se précéder !* cherchez un refuge, cherchez un solide rempart dans l'équitable application des lois votées par nos pères ; là est le salut et la vie, *j'ai essayé de vous le faire bien comprendre !*

Alors, purifiés par une religion morale, elle vous inspirera une ardeur et une moralité nouvelles, et les forces matérielles de la nation s'en accroîtront d'autant ! Car, vous l'avez tous senti, ce n'est pas seulement par un appel brutal à la force, à tous les appétits et à tous les instincts matériels qu'une nation digne de ce nom se relève, mais c'est avant tout par un appel véhément aux dernières forces morales que Dieu, dans sa bonté infinie, A CRU PEUT-ÊTRE DEVOIR ENCORE LUI LAISSER ! !

MARCUS ALLART.

LA REVANCHE (Rueil), 15 août 1874.

Entre deux tirages, je m'empresse de me saisir d'un fait qui vient *à l'appui de ma thèse*, comme y étaient d'ailleurs venus, lors de mes autres opuscules, les faits ODIEUX ! INFAMES ! ! qui se passent, trop souvent, dans les écoles tenues par les Frères de la prétendue *Doctrine chrétienne !* N'EST-IL DONC PAS TEMPS DE CONTRAINDRE LE CLERGÉ A SE CONFORMER AUX LOIS DE 1789 ? ?

Où voulons-nous donc dire, nous aussi : *Ne comptez avec trop de confiance ni sur aucune institution* NI SUR AUCUN PRINCIPE, comme nous le disent ces écoles qui, une fois au pouvoir, s'entourent des plus vils coquins (quitte à les désavouer lorsque LA JUSTICE les condamne !), et rient bien ensuite, ENTRE ELLES, des imbéciles auxquels il reste encore... *quelques misérables et légers scrupules ! ! !*

« Un déplorable scandale vient de causer, dans toute la commune de Chevreuse, la plus triste impression. Un jeune vicaire en fonctions depuis environ un an a été surpris la nuit dernière, à deux heures du matin, en conversation criminelle avec la femme d'un riche marchand de toile, âgée de vingt-deux ans et mère de deux enfants.

« Le mari qui, paraît-il, avait conçu des soupçons, malheureusement trop justifiés, était parti dans la journée, et vers sept heures du soir avait écrit à sa femme qu'il ne reviendrait que le lendemain. Conformément au procédé souvent usité en pareille circonstance, il arrivait dans la nuit et surprenait les coupables, sur lesquels il déchargeait successivement les cinq coups du revolver dont il s'était armé.

« Le jeune vicaire a reçu quatre balles dans le corps. Trois ont été extraites quelques heures après par M. le Dr Duprello, de Chevreuse, qui croit pouvoir répondre de la vie du coupable. Quant à la femme, elle n'a reçu qu'une balle dans la cuisse, et son état, bien que grave, n'est pas non plus désespéré. »

(Patrie.)

Je ne sais vraiment si je dois parler aussi, en finissant, de l'évasion de celui qui fut Bazaine !

Je crois cependant devoir le faire, *puisque les calomnies*, LES IGNOBLES MENSONGES des soi-disant journaux républicains austères et purs (ceux qui MENTENT tous les jours en nous disant que l'Empereur a été *fruit sec !*) ont trouvé un écho à la tribune de l'Assemblée elle-même. *Non !* NON !.. il est impossible que les bras de Napoléon IV se soient ouverts pour celui qui a livré Metz, après des *tergiversations* qui ont été jugées PAR SES PAIRS CONTRAIRES AU DEVOIR ET A L'HONNEUR ! !

Celui qui a dit de Trochu qu'il lui pardonnerait tout, *s'il sau-vait Paris !* a dû mettre, au contraire, dans cette rencontre *toute fortuite,* UNE BIEN GRANDE RÉSERVE ? Et plus assurément que n'en a mis celui qui..... en sortant de chez l'Empereur, s'en est allé se jeter dans les bras des généraux prussiens *à Cologne !*

Il n'est point en France de cœurs biens placés que cette ignoble attitude ne révolte ! !

Je veux ici, en finissant de revoir la *troisième édition* de mes deux pauvres petits opuscules, recommander deux NOUVEAUX faits récents aux MÉDITATIONS de Monsieur le Préfet de Police. Il s'agit ici de PRÊTRES..... c'est-à-dire de ce qui doit être par dessus tout respectable, et c'est bien pour cela que je livre ces faits à L'APPRÉCIATION de Monsieur le Préfet de Police, qui, en somme, est aussi bien que moi FILS DE 1789 :

— Le sieur G.., âgé de 43 ans, religieux de l'ordre du Saint-Viateur de Bourges, instituteur à Saint-Sulpice, entre temps, professeur chez les jésuites à Lyon, où il était chargé de l'instruction des jeunes militaires, passait devant les assises de la Nièvre, le 10 novembre 1874, sous l'inculpation de nombreux attentats à la pudeur commis sur des enfants de moins de 13 ans.

Reconnu coupable avec circonstances atténuantes, le frère G... a été condamné à dix ans de réclusion.

— Un prêtre, le sieur A..., originaire du Calvados, condamné en France pour actes de la plus honteuse immoralité, habite Anvers depuis quelque temps. La justice a pu le frapper, mais elle ne l'a point corrigé de son vice immonde, et c'est pour y avoir cédé de nouveau qu'il a été mis en arrestation. Il a voulu faire encore une victime, et son choix était tombé sur un jeune mousse français. L'enfant a raconté la chose à son capitaine, et l'indigne prêtre, attiré à bord, a été surpris dans une situation telle, qu'il ne pouvait plus nier ses odieux projets. Remis en liberté sous le bénéfice de la loi sur la détention préventive, il a pris la fuite.

Et je n'ajoute qu'un mot : « *marions donc le clergé français !* »
Je viens justement de lire que le Golos, *un journal russe,* prie
son gouvernement d'accorder la permission de se marier
aux nombreux prêtres catholiques qui le lui demandent ?? La France
décidément... ET APRÈS 1789 ! veut-elle donc se mettre AU
BANC DES NATIONS ? ? ?

Et là-dessus, j'en demande pardon au très-honorable et
justement très-illustre (*il a vaincu la France!*) prince de Bismarck : SES DERNIÈRES MESURES ME PARAISSENT ABSURDES !

Hé quoi! il sait ENFIN COUPER LES VIVRES (*et il est encore le
premier !*) aux *cardinaux, archevêques et évêques* récalcitrants qui
obéissent en Prusse au... *sujet de Victor-Emmanuel... et non à
l'État prussien !* Et son projet de loi ajoute BÊTEMENT, STUPI-
DEMENT (*serait-il donc par hasard janséniste?*) que si, *une fois les
appointements retranchés, les cardinaux, archevêques et évêques,* etc.,
venaient à récipiscence..... LEURS APPOINTEMENTS LEUR
SERAIENT, EN CE CAS, CONSERVÉS..... Mais, que Dieu me par-
donne ! Von Bismarck, qui l'eût cru? est janséniste *comme
l'austère Royer-Collard....* qui, rencontrant *Monsieur Dupanloup
chez ce sacripant de Talleyrand,* se croyait obligé de lui dire *niai-
sement :* « Monsieur, *vous êtes un prêtre !* »

Quoi? Von Bismarck ôte les appointements *à ces gens-là,* et
leur dit : « *Je les rendrai si on est bien sage!* » Mais..... ET LES
RESTRICTIONS MENTALES..... *ô mon vainqueur??* Qu'en *faites-vous
donc??* Êtes-vous donc aussi bête que les jansénistes *et vos
députés catholiques de Prusse??* Voulez-vous donc être vous aussi
tous : « AVEC LE PAPE.... MALGRÉ LE PAPE!! »

Vous voulez donc un Mentana chez vous? Et vous, RÉFOR-
MÉS, vous avez encore l'air de faire DES FAÇONS AVEC ROME !

Mais vous n'avez donc pas encore vu, que c'est justement
parce que nous avons, nous aussi, FAIT CES FAÇONS-LA,
que nous avons failli.... périr?? *Et que nous périrons* INFAIL-
LIBLEMENT si nous ne savons enfin créer une grande et
patriotique Église nationale..... qui ne demandera PLUS
RIEN... A UN PRÊTRE SUJET DU ROI D'UN PEUPLE
ETRANGER QUE NOUS AVONS ÉTÉ AFFRANCHIR ! ! !